Konzept und Realisation	Arnold Zabert
Redaktionelle Beratung	Albert Bouley „Waldhorn“ Ravensburg
Redaktion	Marietta Tannert Dr. Ulrike Busch Klaus Schneider Sönke Knickrehm
Kochstudio	Klaus-Peter David
Grafische Gestaltung	Hartwig Kloevekorn
Fotografie	Studio Arnold Zabert Walter Cimbal Jörn Rynio
Herstellung	Hans-Werner Jung
Lithografie	Graphia-Reproduktionen, Vreden
Satz	Typografika, Bielefeld
Druck	Bentrup Druck, Bielefeld
Bindung	Buchbinderei Klemme, Bielefeld
Vertrieb	Verlag Zabert Sandmann Patthorster Str. 127, 4803 Steinhagen Telefon (0 52 04) 33 83 Telex 9 37 858 vzasa d

ISBN 3-924678-03-0

CIP-Kurztitelaufnahme der Deutschen Bibliothek
Zabert, Arnold: KOCHEN — Die Neue Küche
Hamburg und Steinhagen: Zabert Sandmann, 1986.
ISBN 3-924678-03-0

KOCHEN

DIE NEUE KÜCHE

ZABERT
SANDMANN
VERLAG

Inhalt

Dieses Buch 10–11
Die Neue Küche 12–13
Die gesunden Garmethoden 14–15
Biogaren und Aromagaren 16–17
Das Auge ißt mit: Dekor-Ideen 18–19
Wie man ein Menü zusammenstellt 20–25
Wie man den richtigen Wein zum Essen findet 26–27
Die Käseplatte – ein Kapitel für sich 28–29
Böhnchensalat mit Pilzen 30–33
Spargelsalat mit gezupften Kräutern und Shrimps 34–37
Gemischter Salat mit Fischfiletstreifen 38–41
Feldsalat mit Äpfeln und Geflügelleber 42–45
Verschiedene Blattsalate mit rosa gebratener Geflügelbrust 46–49
Klares Tomatengelee mit Basilikum 50–53
Gemüseterrine 54–57
Lachstatar 58–61
Mousse von Räucherforelle 62–65
Carpaccio von Rinderfilet 66–69
Tagliatelle mit Olivenmus 70–73
Birnen-Kartoffel-Gratin 74–77
Gedämpfte Gemüse mit Kräuterbutter 78–81
Austernpilze mit Kohlrabistreifen und Möhren 82–85
Jakobsmuscheln mit Weintrauben 86–89
Kalbsbries mit Zuckerschoten 90–93
Geeiste Melonensuppe 94–97
Kerbelsuppe 98–101
Gemüseschaumsuppe 102–105
Suppentopf mit Gemüse und Rindfleisch 106–109
Meeresfrüchte aus dem Wein-Kräuter-Dampf 110–113
Pochierte Schollenfilets mit Orangensauce und Petersilienklößchen 114–117

Zanderfilet auf dem Lauchbett 118–121
Hechtklößchen in Cidresauce mit Tomatenreis 122–125
Fischfilet mit Champignons und Kräutern in Folie 126–129
Lachswürfel mit Bandnudeln und Safransauce 130–133
Gebratenes Rotbarbenfilet auf kleiner Ratatouille 134–137
Poulardenbrust mit Paprikapürees 138–141
Hähnchenbrust mit Ananas und Glasnudeln 142–145
Putenbrustroulade mit Geflügellebersauce und Gurken-Tomaten-Gemüse 146–149
Rosa gebratene Entenbrust auf rotem Paprika mit Herzoginkartoffeln 150–153
Enten-Pot-au-feu 154–157
Kalbsleber mit Cassis-Sauce 158–161
Kalbsnierenragout mit Brokkoli und Mandeln 162–165
Kalbsmedaillons mit Kräuterbuttersauce und Kurkumanudeln 166–169
Gedämpftes Schweinefilet mit Fenchel 170–173
Schweinerippchen mit Möhren und Wirsing 174–177
Gebeiztes Rinderfilet auf Alfalfasprossen 178–181
Lammkoteletts mit grünen Bohnen und Kartoffelgratin 182–185
Lammrückenfilet mit Blattspinat im Blätterteigmantel 186–189
Hasenrücken mit Preiselbeer-Pfeffer-Sauce und Spätzle 190–193
Schneeklößchen mit Fruchtpürees 194–197
Zwei Sorbets auf einem Sabayon mit Zitronenmelisse 198–201
Apfel-Parfait mit Holundersauce 202–205
Rumpflaumen mit Zitroneneis 206–209
Ingwercreme mit Früchten und Blätterteigecken 210–213
Geeister Joghurt mit Rhabarberkompott 214–217
Birnen-Mousse mit Schokoladenschaum 218–221
Orangengratin 222–225
Tropischer Früchteteller 226–229
Register 230–235

Rezeptübersicht

SALATE

Böhnchensalat mit Pilzen 30– 33
Spargelsalat mit gezupften Kräutern und Shrimps.......... 34– 37
Gemischter Salat mit Fischfiletstreifen... 38– 41
Feldsalat mit Äpfeln und Geflügelleber 42– 45
Verschiedene Blattsalate mit rosa gebratenem Geflügel ... 46– 49

KALTE VORSPEISEN

Klares Tomatengelee mit Basilikum 50– 53
Gemüseterrine 54– 57
Lachstatar............. 58– 61
Mousse von Räucherforelle 62– 65
Carpaccio von Rinderfilet 66– 69

WARME VORSPEISEN

Tagliatelle mit Olivenmus 70– 73
Birnen-Kartoffelgratin 74– 77
Gedämpfte Gemüse mit Kräuterbutter...... 78– 81
Austernpilze mit Kohlrabistreifen und Möhren................ 82– 85
Jakobsmuscheln mit Weintrauben 86– 89
Kalbsbries mit Zuckerschoten........ 90– 93

SUPPEN

Geeiste Melonensuppe 94– 97
Kerbelsuppe 98–101
Gemüseschaumsuppe 102–105
Suppentopf mit Gemüse und Rindfleisch 106–109

FISCH

Spargelsalat mit gezupften Kräutern und Shrimps 34–37
Gemischter Salat mit Fischfiletstreifen 38–41
Lachstatar 58–61
Mousse von Räucherforelle 62–65
Jakobsmuscheln mit Weintrauben 86–89
Meeresfrüchte aus dem Wein-Kräuter-Dampf 110–113
Pochierte Schollenfilets mit Orangensauce 114–117
Zanderfilet auf dem Lauchbett 118–121
Hechtklößchen in Cidresauce 122–125
Fischfilet mit Champignons und Kräutern in Folie 126–129
Lachswürfel mit Safransauce 130–133
Gebratenes Rotbarbenfilet 134–137

GEFLÜGEL

Feldsalat mit Äpfeln und Geflügelleber 42–45
Verschiedene Blattsalate mit rosa gebratener Geflügelbrust 46–49
Poulardenbrust mit Paprikapürees 138–141
Hähnchenbrust mit Ananas und Glasnudeln 142–145
Putenbrustroulade mit Geflügellebersauce 146–149
Rosa gebratene Entenbrust 150–153
Enten-Pot-au-feu 154–157

FLEISCH

Carpaccio von Rinderfilet 66–69
Kalbsbries mit Zuckerschoten 90–93
Suppentopf mit Gemüse und Rindfleisch 106–109
Kalbsleber mit Cassis-Sauce 158–161
Kalbsnierenragout ... 162–165
Kalbsmedaillons 166–169
Gedämpftes Schweinefilet 170–173
Schweinerippchen mit Wirsing 174–177
Gebeiztes Rinderfilet 178–181
Lammkoteletts 182–185
Lammrückenfilet mit Blattspinat im Blätterteigmantel 186–189
Hasenrücken mit Preiselbeer-Pfeffer-Sauce 190–193

SAUCEN

Olivenmus 70–73
Kräuterbutter.......... 78–81
Orangensauce 114–117
Cidresauce............ 122–125
Geflügellebersauce .. 146–149
Cassis-Sauce......... 158–161
Kräuterbuttersauce... 166–169
Preiselbeer-Pfeffer-Sauce 190–193
Fruchtpüree........... 194–197, 210–213
Sabayon mit Zitronenmelisse 198–201
Holundersauce 202–205
Schokoladen-schaum 218–221

GEMÜSE

Böhnchensalat mit Pilzen 30–33
Spargelsalat mit gezupften Kräutern... 34–37
Gemischter Salat mit Fischfiletstreifen....... 38–41
Feldsalat mit Äpfeln 42–45
Verschiedene Blattsalate 46–49
Klares Tomatengelee......... 50–53
Gemüseterrine 54–57
Olivenmus 70–73
Birnen-Kartoffel-Gratin 74–77
Gedämpfte Gemüse . 78–81
Austernpilze mit Kohlrabistreifen und Möhren........... 82–85
Zuckerschoten........ 90–93
Geeiste Melonen-suppe 94–97
Kerbelsuppe 98–101
Gemüseschaum-suppe 102–105
Suppentopf mit Gemüse und Rindfleisch 106–109
Petersilienklößchen... 114–117
Lauchgemüse 118–121
Tomatenreis........... 122–125
Fischfilet mit Champignons und Kräutern............... 126–129
Ratatouille 134–137
Paprikapürees 138–141
Gurken-Tomaten-Gemüse 146–149
Rote Paprika-schoten 150–153
Brokkoli mit Mandeln 162–165
Basilikum-Tomaten ... 166–169
Fenchel 170–173
Möhren und Wirsing.. 174–177
Alfalfasprossen 178–181
Grüne Bohnen 182–185

REIS/TEIGWAREN

Tagliatelle .... 70— 73
Petersilien-
klößchen .... 114—117
Bandnudeln .... 130—133
Tomatenreis........... 122—125
Glasnudeln .... 142—145
Kurkumanudeln ...... 166—169
Spätzle .... 190—193
Blätterteigecken ...... 210—213

KARTOFFELN

Birnen-Kartoffel-
Gratin .... 74— 77
Gedämpfte Kartoffeln. 129
Herzoginkartoffeln .... 150—153
Kartoffelgratin .... 182—185

DESSERTS

Schneeklößchen
mit Fruchtpürees...... 194—197
Zwei Sorbets auf
einem Sabayon mit
Zitronenmelisse ...... 198—201
Apfel-Parfait mit
Holundersauce .... 202—205
Rumpflaumen mit
Zitroneneis............ 206–209
Ingwercreme mit
Früchten und
Blätterteigecken ...... 210—213
Geeister Joghurt mit
Rhabarberkompott ... 214—217
Birnen-Mousse
mit Schokoladen-
schaum .... 218—221
Orangengratin .... 222—225
Tropischer Früchte-
teller .... 226—229

Warum es sich nach diesem Kochbuch so leicht kochen läßt

Es ist konzipiert für den Einsteiger am Herd, für den Anfänger in Sachen Neue Küche. Es setzt keinerlei Wissen und Erfahrung voraus, nur Neugier und Lust aufs Kochen. Es ist leicht verständlich wie ein Bilderbuch, auskunftsfreudig wie ein Lexikon und exakt wie ein Kursbuch. Es offeriert 50 Gerichte der Neuen Küche so detailliert, daß sie sich im Normalhaushalt leicht nachkochen lassen. Jedes Rezept wird auf vier Seiten und mit zahlreichen Arbeitsfotos erklärt. Jeder wichtige Handgriff ist abgebildet und beschrieben. Das 13-Punkte-Programm sorgt dafür, daß nichts schiefgehen kann.

1. PORTIONSTELLER

Auftakt zu jedem Rezept ist die Abbildung des tischfertig zubereiteten Gerichts – angerichtet auf einem Teller für eine Person. Dieses Foto dient nicht allein als Blickfang und Appetitanreger. Es soll auch ein optischer Grundkurs für das in der Neuen Küche so wichtige Dekorieren sein.

2. EINKAUF

Jedes Rezept beginnt mit einer Liste aller Zutaten, die besorgt werden müssen. Und zwar in der Reihenfolge: Metzger, Gemüsehändler, Lebensmittelgeschäft. Nicht aufgeführt werden in dieser Rubrik Produkte, die in kleinen Mengen in jedem Haushalt vorrätig sind: Mehl, Zucker, Salz, Pfeffer, Butter oder Margarine, Öl, Essig, Speisestärke.

3. WARENKUNDE

Der Einkaufszettel wird ergänzt durch eine kompakte Warenkunde. Sie erläutert die Besonderheiten der Produkte, beschreibt Gewürze, empfiehlt Saisonartikel und offeriert Alternativen zu teuren oder preiswerten Zutaten.

4. ZUTATEN

Diese Rubrik enthält alle Zutaten, die für zwei Personen gebraucht werden – bis hin zur kleinsten Prise Salz. Das ist die Menge, die man zwischen zwei Fingern halten kann. Eine Msp (Messerspitze) ist soviel, wie auf eine Messerspitze paßt, etwa ein viertel Teelöffel. Neben EL und TL (Eßlöffel und Teelöffel, wenn nicht anders angegeben gestrichen (!) voll) sind g (Gramm) und l (Liter) die gebräuchlichsten Abkürzungen.

Dennoch geht die klare Übersicht nicht verloren. Denn die Zutaten sind nach den einzelnen Teilen des Gerichts (zum Beispiel Sauce, Gemüse, Fleisch) geordnet. Ein Garniervorschlag vervollständigt die Rubrik.

5. GERÄTE

Zu jedem Rezept sind Küchengeräte aufgeführt, die im Idealfall zur Verfügung stehen. Oft kann man jedoch improvisieren oder Spezialgeräte durch einfache ersetzen (zum Beispiel die Fleischgabel durch eine normale Gabel). Angegeben ist ferner, ob ein Gefriergerät oder ein Backofen gebraucht wird und ob mehr als zwei Kochplatten erforderlich sind.

6. KOCHZEITEN

Die Angaben sind gegliedert in Vorbereitungs- und Zubereitungszeit. Kühl- und Gefrierzeiten sind gesondert erwähnt. Alle Zeitangaben sind Zirka-Werte, denn minutiöse Genauigkeit ist kaum möglich.

7. NÄHRWERT

Die angegebenen Kalorien (kcal)und Joule (kJ, sprich: Schuhl), Eiweiß, Fett und Kohlenhydrate sind Zirka-Werte und immer für eine Person berechnet. Der durchschnittliche Energiebedarf (Kalorien/Joule) beträgt pro Tag 2000/8400 für Frauen (165 cm, 60 kg) und 2500/10 500 für Männer (172 cm, 70 kg). Für eine erwachsene Person wird eine durchschnittliche Menge von 50 g Eiweiß, 70 g Fett und mindestens 100 g Kohlenhydraten pro Tag als ausreichend angesehen. Durch unser Kästchensystem ist zu erkennen, wieviel des Tagesbedarfs mit dem Gericht abgedeckt wird. Es bedeuten:

■ = 100 % und darüber
◧ = 75 %
◧ = 50 %
◧ = 25 %
□ = unter 25 %

Wer figurbewußt ißt, kann sich im Handumdrehen ausrechnen, wieviel er durch Weglassen oder Halbieren der Beilage einspart. Drastische Reduzierungen sollte man jedoch vermeiden.

8. VORBEREITUNG

Als Arbeitsphase klar getrennt von der Zubereitung und gegliedert in übersichtliche Gruppen (falls man Teile des Rezeptes weglassen will). Die Vorbereitung für ein Gericht kann manchmal auch vorverlegt werden. Die Arbeitsgänge sind so einfach, daß sie auch von ungeübten Helfern aus der Familie übernommen werden können. Angaben zum Arbeitsablauf helfen dabei, das Essen zum richtigen Zeitpunkt servieren zu können.

9. ZUBEREITUNG

Jeder wichtige Handgriff ist als Phasenfoto festgehalten und wird zusätzlich in der Bildunterschrift erklärt. Herdtemperaturen und Garzeiten (immer der niedrigste Wert) werden in einprägsamen optischen Symbolen gezeigt, um Fehlerquellen am Herd auszuschalten. Auch Anfänger können nach dieser Bildersprache sofort kochen.

10. BEILAGEN

Auf der vierten Rezeptseite werden, soweit erforderlich, weitere Zubereitungsgänge mit und ohne Fotos beschrieben. Oder darüber hinaus Informationen über andere Beilagen und Gerichtvarianten gegeben.

11. TIPS VOM MEISTERKOCH

Eine Rubrik für Fortgeschrittene. Während die ausführlichen Rezepte die Neue Küche für den Normalhaushalt praktikabel machen (durch Verzicht auf teure und ausgefallene Zutaten sowie zeitraubende Zubereitungsmethoden), finden Neugierige in dieser Rubrik Tricks und Kniffe unseres Sterne-Kochs Albert Bouley.

12. BEI TISCH

Zusätzliche Informationen zu jedem Gericht: Varianten und Alternativen, Vorschläge zum Anrichten sowie Ausspracheerklärungen. Außerdem: Zwei Weinempfehlungen – eine in der Preisklasse unter zehn Mark und eine für einen Superwein.

13. WENN ETWAS ÜBRIGBLEIBT

Die Neue Küche ist eine Küche à la minute, das heißt, die Gerichte sollen immer aus frischen Zutaten zubereitet werden und möglichst kurze Garzeiten haben. Dieses Buch verrät, was man mit kleinen Resten machen kann – oft sehr originelle Gerichte. Sie summieren sich zu einer zusätzlichen Rezeptesammlung. Das Buch empfiehlt außerdem Zeiten der Haltbarkeit in Kühlschrank und Gefriergerät.

Die Neue Küche — leichter, schneller, gesünder und köstlicher geht es nicht

Es kommt ein ganz neuer Duft aus vielen Küchen. Ein appetitlicher leichter Duft, der die schweren Kochschwaden früherer Tage mehr und mehr verdrängt. Was ist passiert? Eine neue Art der Essenszubereitung erobert unsere Küchen. In den Töpfen tut sich was.

WARUM WIR EINE NEUE KÜCHE BRAUCHTEN

Die Zeit war reif dafür. Längst hatten sich unsere Lebensgewohnheiten geändert, als wir immer noch an der überlieferten Küche festhielten. Obwohl körperliche Arbeit zunehmend von Maschinen erledigt wird, blieben unsere Speisezettel fast unverändert fett- und kohlenhydratreich. Das Übergewicht war programmiert, von ernährungsbedingten Krankheiten ganz zu schweigen. Zudem erwiesen sich die Kalorienberge als vitamin- und mineralstoffarm. Der Grund: In Großmutters gar nicht so gesunder Küche wurden die Produkte praktisch totgekocht.

Der Umschwung kam, als eine Reihe junger Köche gegen die Restaurant-Kultur der Väter revoltierte. „Nouvelle Cuisine" (sprich: nuwäll küisin) hieß das Zauberwort, mit dem an den Herden eine neue Ära begann. Was der Laie darüber jedoch in der Presse lesen konnte, klang eher nach einer Erfindung für übersättigte Snobs: winzige Portionen zu Superpreisen, exzentrische Produktkombinationen, befremdliche Menüfolgen. Es wäre jedoch grundfalsch, die Neue Küche an solchen Schlagwörtern zu messen. Und noch einen Irrtum gilt es zu korrigieren: Bei der Neuen Küche handelt es sich nicht um eine Sammlung außergewöhnlicher Luxusgerichte, sondern schlicht um eine neue Kochmethode. Eine Methode, die einfacher, schneller und gesünder ist, als die überlieferten Küchenregeln.

WORUM ES BEI DER NEUEN KÜCHE GEHT

Sie verlangt als erstes frische Produkte statt Dosen- oder Tütenware. Zum zweiten sollen diese frischen Produkte einen ganz typischen Eigengeschmack haben. Tomaten müssen nach Tomaten schmecken — statt nur rund, rot und schnittfest zu sein. Bei vielen Händlern kann man entdecken, daß die Zeichen der Zeit erkannt wurden. Die Nachfrage nach knackig-frischem Gemüse und freilaufend aufgewachsenem Geflügel steigt; denn es schmeckt unvergleichlich besser.

VERGESSENE PRODUKTE – NEU ENTDECKT

Zum dritten sind im Gefolge der Neuen Küche alte vergessene Produkte wieder zu Ehren gekommen: Kalbsbries beispielsweise, Prinzeßbohnen, Sauerampfer, Sorbets, vor allem aber Fische der edleren Art.

MODERNE GARMETHODEN SIND GESÜNDER

Das hat aber schon etwas mit den neuen Garmethoden zu tun, die als viertes zu erwähnen sind. Wo früher Fisch unter penetranter Geruchsentwicklung trockengebruzzelt wurde, genügen heute Minuten, oft sogar nur Sekunden im Pochierbad oder im Dampfdrucktopf, um Meeresfrische, Weinaroma und Garpunkt auf einen Nenner zu bringen. Auch das „Sautieren", das Anschwenken von Bratgut, gehört zu den Garmethoden, die mit wenig Fett auskommen. Hocherhitztes Fett wird grundsätzlich nach dem Bratvorgang weggeschüttet.

DER TRIUMPH DER LEICHTEN SAUCEN

Als fünftes: die Saucen. Dabei hat es die wahrscheinlich radikalste Abkehr vom Herkömmlichen gegeben. Und die bekömmlichste! Denn die schweren, oft genug klumpigen Tunken, die mit Fett-Mehl-Schwitzen oder Mehl angedickt waren, gehören endgültig der Vergangenheit an. Luftig aufgeschlagene Schaumsaucen, leichte Sahne-Wein-Mixturen sind jetzt die Favoriten. Diese Saucen werden – wie übrigens alle Speisen der Neuen Küche – niemals überwürzt, denn sie sollen ja den Eigengeschmack der Produkte hervorheben. Zu den Würzregeln zählt auch ein sparsamer Umgang mit Salz. Und mit Zucker bei den Desserts.

WEINVIELFALT IST WIEDER WICHTIG

Das sechste, was die Neue Küche mit sich gebracht hat, ist die Wiederentdeckung der Weinvielfalt. Dabei kommt es weniger auf den Geldbeutel an, als vielmehr auf das Geschick bei der Auswahl. Auch mit preiswerten Weinen kann man nämlich ein Menü zum schieren Gourmet-Glück machen – sie müssen nur zu den Gerichten passen. Und sie müssen eben „trocken" sein, d. h. herb. Süße Weine kann man allenfalls zum Dessert trinken.

NEUE GERICHTE – NEU DEKORIERT

Siebtens schließlich hat die Neue Küche mit einem sehr alten Grundsatz Ernst gemacht: Das Auge ißt mit. Passé sind überladene Kraut-und-Rüben-Gerichte. Heute macht es zunehmend auch Nicht-Profis am Herd Spaß, einen Teller nach Farben und Formen zu dekorieren. Das Blatt Salat mit dem obligatorischen Tomatenviertel sollte man künftig einfallslosen Köchen überlassen.
Sie sehen: Die Neue Küche ist keineswegs ein Buch mit sieben Siegeln, sondern eine höchst einfache – und einleuchtende – Methode, schmackhafter, bekömmlicher und leichter zu kochen. Wie einfach – das wollen wir Ihnen in diesem Buch so genau zeigen, daß Sie gleich damit anfangen können.

Die gesunden Garmethoden der Neuen Küche

Das Garen ist eine Methode, Nahrungsmittel durch Wärmeeinwirkung genußfähig und verdaulich zu machen. Denn so wertvoll eine Rohkost auch ist, Kartoffeln, Reis, Nudeln, Fleisch und Fisch sind in dieser Form nicht genießbar. Die Geruchs- und Geschmacksstoffe, die sich beim Garen entwickeln, wirken appetitanregend und erhöhen den Genuß der Speisen. Aus diesen Gründen wird seit eh und je gekocht, geschmort, gebraten und gebacken. Charakteristisch für die leichte Neue Küche sind aber schonende Garmethoden, die weitgehend Eigengeschmack, Farbe und wertvolle Nährstoffe der Nahrungsmittel erhalten. Wir erklären Ihnen hier die wichtigsten — über das Bio- und Aromagaren folgt auf den nächsten Seiten ein separates Kapitel.

DÜNSTEN

Dünsten nennt man das Garen im eigenen Saft oder mit wenig Fett- und Flüssigkeitszugabe im geschlossenen Topf (siehe: Kohlrabi-Möhren-Gemüse, Lauch, Ratatouille). Man kann Gemüse auch ganz ohne Fett dünsten, indem man es nach dem Waschen tropfnaß in den Topf gibt. Diese Art des Dünstens wird häufig wasserarmes Garen genannt. Und wenn man Schalotten oder Zwiebeln in mäßig heißem Fett glasig werden läßt, spricht man vom Andünsten. Wichtig bei dieser Garmethode: Mäßige (mittlere) Hitze, denn das Gargut soll nicht bräunen. Auch in Aluminiumfolie (siehe: Fischfilet mit Champignons und Kräutern in Folie) kann man sehr gut dünsten.

SAUTIEREN

Sautieren (sprich: ßotieren) ist ein Garschwenken in wenig heißem Fett in einer Pfanne oder einem Stieltopf (Sauteuse, sprich: ßotöse). Das Gargut, vorzugsweise kleingeschnittene Kurzbratstücke (siehe: Feldsalat mit Äpfeln und Geflügelleber, Hähnchenbrust mit Ananas), wird in das heiße Fett gegeben und die Pfanne während des Garens auf der Kochstelle hin- und hergerüttelt. Dadurch wird ein zu starkes Anrösten vermieden und eine gleichmäßige Bräune erzielt. Sautieren ist eine ideale Garmethode für Fisch, Geflügel und Innereien.

DÄMPFEN

Dämpfen, das Wort besagt es schon, ist ein Garen im Dampf. Dabei werden die Nahrungsmittel, vorzugsweise Gemüse, Kartoffeln oder Fisch in einem Siebeinsatz gegart und kommen mit der Flüssigkeit (Wasser, Wein, Saft oder Brühe) gar nicht in Berührung. Voraussetzung dafür ist ein gut schließender Kochtopf, damit der Dampf nicht entweichen kann. Während der Dämpfzeit muß immer darauf geachtet werden, daß die Flüssigkeit leicht kocht, damit sich Dampf bilden kann. Dämpfeinsätze oder aufstellbare Siebe kann man passend zur Topfgröße kaufen. Am besten geeignet ist ein Dampfdruck- bzw. Schnellkochtopf mit dazugehörigem Siebeinsatz.

POCHIEREN

Pochieren (sprich: poschieren) ist ein Garziehen in heißer, nicht kochender Flüssigkeit. Diese Garmethode eignet sich für zartes, empfindliches Gargut wie Fisch (siehe: Schollenfilet, Hechtklößchen) besonders gut. Pochiert wird in leicht gesalzenem, evtl. mit etwas Zitronensaft aromatisiertem Wasser, Weißwein oder Fruchtsaft. Süßspeisen können auch in Milch (siehe: Schneeklößchen) pochiert werden. Nach dem Aufkochen der Flüssigkeit muß die Hitze sofort reduziert werden, um ein Fortkochen zu vermeiden. Erst dann legt man das Gargut hinein.

Die Garzeiten schwanken je nach Gargut beträchtlich und können zwischen einer Minute (Schollenfilet) und sechs Minuten (Petersilienklößchen) liegen. Bei sehr kurzen Garzeiten gibt man das Gargut deshalb nicht in die heiße Flüssigkeit, sondern hält es mit einer Schaumkelle hinein (siehe: Schollenfilets).

BLANCHIEREN

Blanchieren (sprich: blañschieren) ist ein kurzzeitiges Eintauchen bzw. Garen in sprudelnd kochendem Wasser. Dabei wird das Gemüse ins kochende Wasser hineingeschüttet, je nach Sorte nur einmal kurz aufgekocht (Spinat), ein bis zwei Minuten (Böhnchen, Zuckerschoten) oder fünf Minuten (Spargel) gekocht. Danach wird das Gemüse in eiskaltem Wasser (möglichst mit Eiswürfeln) abgeschreckt. Das geschieht, um den Garprozeß abrupt zu stoppen und ein Weitergaren zu verhindern. Gerade in der Neuen Küche ist man bestrebt, Gemüse auf den Punkt zu garen, das heißt, es soll knackig sein (Biß haben) und seine natürliche Farbe behalten. Das Blanchieren ist deshalb eine häufig angewandte Garmethode. Für Salate muß das blanchierte Gemüse nur noch angerichtet werden. Um es heiß zu servieren, erhitzt man es mit wenig Butter und rüttelt den Topf dabei auf der Kochplatte hin und her. Das nennt man auch Heißschwenken.

GAREN IM WASSERBAD

Empfindliche Saucen (siehe Sabayon) oder Cremespeisen (siehe Ingwercreme), die als Zutaten Butter, Eier oder Sahne enthalten, können durch zu starke Hitze leicht anbrennen oder ausflocken (gerinnen). Deshalb hängt man den Topf, in dem sie zubereitet werden, in einen größeren Topf, der mit heißem, nicht kochendem Wasser (siehe Ingwercreme) gefüllt ist. Auch Schokoladenkuvertüre, z. B. für eine Mousse au chocolat (sprich = mußo schokola), kann man gleichmäßig in einem Wasserbad schmelzen. Besonders praktisch sind spezielle doppelwandige Wasserbadtöpfe (Simmertöpfe). In eine Öffnung, die sich oben am Topfrand befindet, wird Wasser gefüllt, das zwischen Innen- und Außenwand ein Wasserbad bildet. Simmertöpfe haben einen weiteren Vorteil: Man kann darin sehr gut Saucen und Suppen warmhalten, die nicht mehr kochen sollen.

Kochen wie die Meisterköche: Biogaren und Aromagaren

Das Gemüse knackig-aromatisch, der Fisch saftig-seefrisch – wie machen das die Könner der Neuen Küche bloß? Einer von ihnen, Albert Bouley vom vielgerühmten „Waldhorn" in Ravensburg, verrät hier sein Geheimnis: Bio- und Aromagaren im Sicomatic. Und das ist so einfach, daß es jeder zuhause nachmachen kann. Erforderliches Zubehör: Ein Dampfdruck- bzw. Schnellkochtopf mit zwei Kochstufen, dessen Bedienung innerhalb kürzester Zeit in Fleisch und Blut übergeht. Und fürs Aromagaren außerdem noch etwas Phantasie!

WAS IST BIOGAREN?

Schnellkochtöpfe herkömmlicher Art verkürzten zwar lange Garzeiten beträchtlich, bei zartem Gemüse bestand jedoch leicht die Gefahr, daß es zu weich wurde. Schnellkochtöpfe der jüngeren Generation (Sicomatic) sind zusätzlich mit einer sogenannten Bio- oder Schonstufe ausgestattet. Sie ermöglicht geringeren Dampfdruck und somit eine etwas geringere Temperatur beim Garen. Gemüse, Fleisch oder Fisch werden in den zum Topf gehörenden Siebeinsatz gelegt und kommen mit der Flüssigkeit gar nicht in Berührung. Das Gargut wird also aroma- und vitaminschonend gegart. Wichtig dabei ist das genaue Einhalten der Garzeit! Sie wird von dem Zeitpunkt an gerechnet, an dem die Bio- oder Schonstufe erreicht ist und ist beendet, wenn der Topf „entdampft", das heißt drucklos gemacht, wird.

Übrigens gilt das auch für die Schnellkochstufe. Die Garzeit richtet sich nicht nur nach Größe und Art des Gargutes, sondern auch nach der Topfgröße. Deshalb sollten Sie immer die Empfehlungen des Topfherstellers beachten. Als goldene Regel fürs Biogaren können Sie sich merken: Lieber zu kurz als zu lange garen. Nachgaren ist immer möglich.

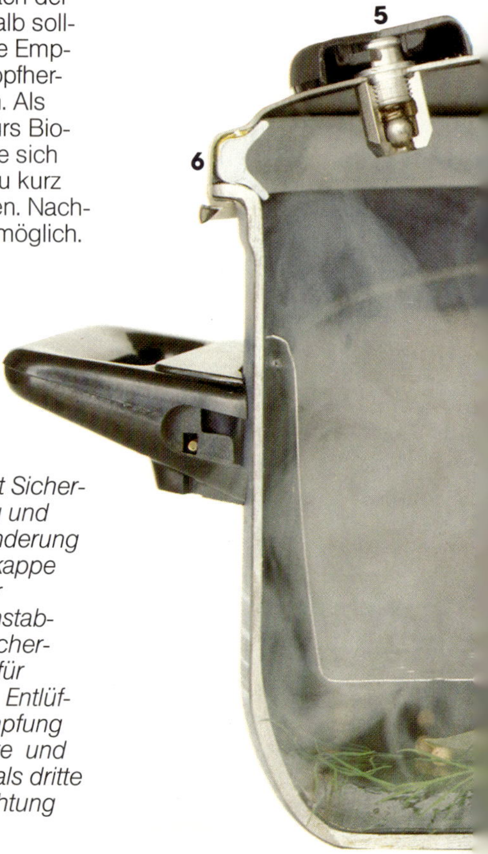

1. *Kochregler mit Sicherheitsverriegelung und Restdruck-Verhinderung*
2. *Aromaschutzkappe*
3. *Druckanzeiger*
4. *Ventil mit Drehstabfeder als erste Sicherheitseinrichtung für Druckeinhaltung, Entlüftung und Entdampfung*
5. *Ventil als zweite und*
6. *Deckelschlitz als dritte Sicherheitseinrichtung*

WAS IST AROMAGAREN?

„Die Kunst des Kochens besteht darin, natürliches Aroma zu erhalten, zu betonen und zu variieren, aber niemals zu korrigieren". Das ist Albert Bouleys Leitspruch, und das Aromagaren ist seine raffinierte Variante des Biogarens. Er gibt frische Kräuter oder Gewürze in die Flüssigkeit und läßt alles aufkochen, damit sich die Aromastoffe lösen. Das Gargut im Siebeinsatz wird mit dem Dampf aromatisiert.

Es gibt keine festen Regeln, die vorschreiben, welche Kräuter und Gewürze zu bestimmten Gerichten gehören. Wer sich nicht so recht traut: Petersilie, Kerbel, Schalotten und Knoblauch passen fast immer.

Wichtig ist, daß Sie beim Aromagaren eine gewisse Freude am Experimentieren haben.

Mischen Sie nicht zu viele Kräuter miteinander; meist reichen ein oder zwei. Hier eine kleine Aufstellung, was besonders gut miteinander harmoniert. Zu Fisch passen Estragon, Dill, Zitrone und Weißwein. Zu Geflügel Estragon, Lorbeer, Zitronenmelisse und Weißwein (zu Ente Rotwein). Zu Lammfleisch Thymian, Rosmarin, Lorbeer. Zu Rindfleisch Gewürznelken, Estragon, Thymian und Rotwein. Zu Schweinefleisch Majoran, Lorbeer, Fenchel und zu Wild Wacholderbeeren, Rotwein und Lorbeer.

Das Auge ißt mit: Dekor-Ideen für Fortgeschrittene

Natürlich ist es nicht so, daß die Neue Küche das Dekorieren von Gerichten erfunden hätte. Aber sie hat eine Augenlust daraus gemacht, die jeder erlernen kann. Während früher das Überladene, meist aber sehr Konventionelle die Platten beherrschte, hat die Neue Küche das Sparsame, Filigrane der fernöstlichen Tafelkultur übernommen und etwas Eigenes daraus gemacht: den individuell dekorierten Teller. Wie Sie auch auf den Portionstellern unserer Rezeptvorschläge sehen können, entwickelt sich die Dekoration ganz natürlich aus den Produkten selbst. Auf dieser Seite steht als Variationsbeispiel eine Möhre. An ihr wird, stellvertretend für Kartoffeln, Kohlrabi, Lauch, Paprika usw. gezeigt, wie wandlungsfähig Gemüse und Obst sein können. Sie brauchen sich dazu nicht gleich das ganze Instrumentarium anzuschaffen — mit einem guten Küchenmesser und etwas Phantasie läßt sich eine Menge machen.

1. Sparschäler: Mit schräg gestellter Klinge für gleichmäßig dünne Scheiben (**A**).
2. Buntmesser: Mit dikker, zackig geschliffener Klinge für gezackten Schnitt (**B**).
3. Küchenmesser: Das vielseitigste Messer von allen. Für unterschiedliche Scheiben (**C, D, E**), Formen (tournieren, **F, G**), Stifte (**H**), Würfel (**I**), Rauten (**J**), feine Streifen (Julienne, **K**) und ganz feine Würfel (Brunoise, **L**).

4. Kugelausstecher: Halbkugelförmiger Ausstecher für 2 cm große Kugeln (**M**).
5. Erbsenausstecher: Kleiner Ausstecher für erbsengroße Kugeln (**N**).
6. Olivenausstecher: Wie Kugelausstecher, nur oval (olivenförmig, **O**).
7. Juliennereißer: Flach, mit scharfkantigen, angeschrägten Löchern. Auch als Zestenreißer bekannt, weil damit sehr dünne Streifen (**P**), bei Orangen- und Zitronenschalen Zesten genannt, gezogen werden können.

8. Orangenschäler: Mit einer eingeschliffenen Zacke in der Klinge für stern- oder blumenförmige Verzierungen (**Q, R**).
Grobe Raspel: (ohne Abbildung) Grobe Seite einer Allzweckreibe mit mehreren tiefen Einkerbungen. Für etwas dickere Streifen (Raspel, **S**).
Feine Raspel: (ohne Abbildung) Eine Seite der Allzweckreibe mit mehreren kleinen Einkerbungen. Für feine Streifen (Raspel, **T**).

Wie man ein Menü zusammenstellt

Laien halten die Zusammenstellung eines mehrgängigen Menüs entweder für eine kulinarische Geheimwissenschaft oder für eine Spielwiese des Küchenchefs. Beides stimmt nicht. Richtig ist, daß es ein paar Grundregeln gibt, die viel Freiheit lassen. Sie sind leicht zu merken und noch leichter zu befolgen.

DER TRICK

Die Köche der Neuen Küche fanden einen simplen Dreh, um ihre Gäste wieder mehr Gänge genießen lassen zu können: Sie halbierten die Portionen. So ist es keine Seltenheit, wenn man in Gourmet-Tempeln acht oder gar zehn Gänge angeboten bekommt, die sich ohne Mühe essen lassen. Wenn Sie so etwas einmal zu Hause machen wollen, und Sie sind zu viert, kochen Sie einfach die Mengen für zwei Personen.

ABWECHSLUNG

Was nun die Zusammenstellung betrifft, so kann man sich nach zwei Grundregeln richten. Die erste lautet: Sorge für Abwechslung! In einem gut kombinierten Menü sollte nichts zweimal vorkommen: Nicht zweimal ein ähnlicher Fisch (z. B. Süßwasser), nicht zweimal das gleiche Fleisch (z. B. Wild), möglichst keine Wiederholungen bei Gemüsen, Garnituren oder Gararten. Auch zwei weiße oder zwei braune Saucen sollten nicht aufeinanderfolgen oder zwei kalte Gerichte. Eine Ausgewogenheit von Gang zu Gang entsteht, wenn außerdem Farben und Formen der Produkte wechseln.

STEIGERUNG

Die zweite Grundregel heißt: Sorge für Steigerung! Das bedeutet: Zuerst die zarten Speisen (was sich auch in den Farben ausdrücken kann), dann die pikanteren, bis mit dem Hauptgang der Höhepunkt an Geschmacksintensität erreicht ist. Das gleiche Prinzip gilt übrigens auch für die begleitenden Weine.

MENÜFOLGE

In der Neuen Küche hat sich das mehrgängige Menü fast standardähnlich durchgesetzt. Dabei wird zuerst eine kalte Vorspeise oder ein Salat serviert. Danach eine warme Vorspeise oder Suppe, worauf ein leichter Fischgang folgt.

Zwischendurch, als Erfrischung, ein Sorbet (ohne Sauce); es soll die Geschmacksnerven neutralisieren und dem Magen Appetit auf den anschließenden Hauptgang (Geflügel, Fleisch oder Wild) machen. In angemessenem Abstand folgen eine Käseauswahl und ein Dessert. Dieser Reihenfolge entspricht übrigens auch die Rezeptübersicht dieses Buches. Kaffee sowie ein Cognac, Calvados oder Tresterschnaps (Marc, sprich: mahr), lassen eine Tafelrunde ausklingen und zählen nicht als separate Menügänge.

MENÜS VERÄNDERN

Wer das Menü verkürzen will, kann auf die kalte oder warme Vorspeise verzichten, kann das Sorbet weglassen (oder als Dessert reichen), kann anstelle des Desserts nur Käse auftischen. Drei Gänge allerdings sind unabdingbar, damit das Ganze noch den Namen Menü verdient. Auf den folgenden Seiten finden Sie fünf Menüvorschläge, die Sie nach Ihren Vorstellungen ergänzen können.

Überraschungsmenü

Lachstatar · Kerbelsuppe

Hasenrücken mit Preiselbeer-Pfeffer-Sauce
und Spätzle

Schneeklößchen mit Fruchtpürees

Leichtes Frühlingsmenü

Spargelsalat mit gezupften Kräutern und Shrimps

Tagliatelle mit Olivenmus

Putenbrustroulade mit Geflügellebersauce
und Gurken-Tomaten-Gemüse

Geeister Joghurt mit Rhabarberkompott

Schlemmermenü im Freundeskreis

Gemischter Salat mit Fischfiletstreifen

Birnen-Kartoffel-Gratin

Gebeiztes Rinderfilet auf Alfalfasprossen

Zwei Sorbets auf einem Sabayon mit Zitronenmelisse

Herbstliches Menü

Böhnchensalat mit Pilzen

Jakobsmuscheln mit Weintrauben

Kalbsmedaillons mit Basilikum-Tomaten, Kräuterbuttersauce und Kurkumanudeln

Birnen-Mousse mit Schokoladenschaum

Festtagsmenü

Mousse von Räucherforelle

Kalbsbries mit Zuckerschoten

Rosa gebratene Entenbrust auf rotem Paprika
mit Herzoginkartoffeln

Rumpflaumen mit Zitroneneis

Wie man den richtigen Wein zum Essen findet

Ratlos stehen Wein-Anfänger im Laden vor den gefüllten Regalen. Die meisten kapitulieren rasch vor der verwirrenden Vielzahl von Flaschen und Etiketten. Zugegeben: Wein kann eine Wissenschaft für sich sein. Aber den richtigen Wein zum Essen zu finden, ist gar nicht so schwer.

WARUM TROCKENER WEIN?

Trocken bedeutet in der Weinsprache soviel wie herb (nicht sauer!). Winzer sprechen auch von durchgegorenen Weinen, die nur noch einen minimalen Rest von Süße haben. Nach dem deutschen Weingesetz dürfen das maximal neun Gramm pro Liter sein. Auf dem Etikett steht dann das Wort „trocken", auf der Flasche klebt eine gelbe Siegelmarke. Halbtrockene Weine (bis 20 g/l Restsüße) haben grüne Siegelmarken. Trockener Wein ist der ideale Begleiter zum Essen; zum Kochen ist er unentbehrlich. In Frankreich, Italien, Spanien und der Schweiz werden die Weine grundsätzlich sehr trocken ausgebaut (1—2 g Restsüße), ohne daß dies auf dem Etikett besonders vermerkt ist. Sie sind allerdings auch alkoholreicher als die deutschen.

WAS KOSTET TROCKENER WEIN?

Nach oben gibt es kaum eine Grenze: Für große Bordeaux- und Burgunderweine kann man ein Vermögen loswerden. Nach unten sind etwa fünf Mark für die 0,7 l-Flasche die Schallmauer. Darunter dürfte man nur in Ausnahmefällen einen passablen Wein finden. In der Preisklasse zwischen fünf und zehn Mark gibt es bereits gute deutsche, Elsässer, österreichische und italienische Weiße sowie spanische und italienische Rote. Für alle anderen guten Rotweine sowie für Weißweine aus Frankreich und der Schweiz müssen Sie mehr als zehn Mark anlegen.

WELCHER WEIN WOZU?

Dieses Kochbuch gibt Ihnen zu fast jedem Gericht einen Weintip. Falls Sie einmal selbst die Wahl zu treffen haben, sollten Sie sich ein paar Grundregeln merken.
1. Weißer Wein zu weißem Fleisch, roter zu rotem Fleisch;
2. Säurereiche Weißweine, z. B. Riesling, Loire-Weine, zu Fleisch und Meerestieren;
3. Vollmundige Weißweine, z. B. Müller-Thurgau, Grüner Veltliner, zu Kalb, Huhn, Ei- und Nudelgerichten;
4. Leichte Rotweine, z. B. deutsche Spätburgunder, Rosé-Weine, zu Geräuchertem, Lamm und Gemüse;
5. Schwere Rotweine, z. B. Bordeaux, Burgunder, zu Rind, Wild und Käse;
6. Champagner und trokkener Sekt ("Brut", sprich: brüh) passen zu allen Gerichten!

WAS SIND PRÄDIKATSWEINE?

Nach Tafelwein als unterster Stufe und der Hauptsorte „Qualitätswein bestimmter Anbaugebiete" kennt das deutsche Weingesetz folgende Prädikatswein-Stufenleiter: Kabinett, Spätlese, Auslese, Beerenauslese, Trockenbeerenauslese. Faustregel: Je höher die Rangstufe, desto alkoholreicher, geschmacksintensiver, teurer, meist aber auch süßer ist der Wein. Zum Essen geeignet: Weine bis einschließlich Auslese, sofern sie als trocken ausgewiesen sind. Beerenauslesen und Trockenbeerenauslesen sind ideal als Aperitif oder zum Dessert.

WELCHE TEMPERATUR IST RICHTIG?

Zwei Übel sind leider weit verbreitet: Rotwein wird meist zu warm, Weißwein zu kalt getrunken. Die Maßgabe „Zimmertemperatur" für den Roten stammt aus einer Zeit, als die Räume 16—18 Grad hatten. Guten Rotwein außerdem ein bis zwei Stunden vor dem Trinken entkorken, damit er Sauerstoff bekommt und sein Aroma entwikkeln kann.
Weißwein sollte maximal Kühlschranktemperatur der kleinsten Stufe haben (zehn bis zwölf Grad). Wird er tiefer gekühlt, verliert er Bukett und Geschmack. Zu kalte Flaschen eine Stunde vor dem Trinken ins Zimmer stellen.

WIE KANN MAN SICH VOR GEPANSCHTEN WEINEN SCHÜTZEN?

1. Greifen Sie nicht wahllos ins Regal. Lassen Sie sich beraten, und probieren Sie nach Möglichkeit die eine oder andere Weinsorte, bevor Sie sich entschließen.
2. Kaufen Sie keine Zwei-Liter-Flaschen mit Phantasienamen wie beispielsweise "Winzertrunk".
3. Meiden Sie Weine, die nicht im Anbaugebiet abgefüllt worden sind.
4. Achten Sie darauf, daß das Etikett Jahrgang, Lage und den Winzer oder eine Winzergenossenschaft nennt.
5. Meiden Sie Weine unter fünf Mark.

Kleine Weinkunde

Abgang: Nachgeschmack den der Wein im Mund hinterläßt. Besonders ausgeprägt bei gehaltvollen Weinen.
Blume: Duft des Weines, der aus dem Glas in die Nase steigt. Eine starke Blume nennt man Bukett.
Dekantieren: Vorsichtiges Umfüllen guter und alter Weine in eine Karaffe, um den Wein vom Bodensatz (abgelagerte Weinbestandteile, Weinstein) zu trennen.
Durchgegoren: Nahezu zuckerfreie, trockene (herbe) Weine.
Federweißer: Junger, leicht moussierender, noch nicht von der Hefe getrennter Wein, dessen Gärung noch nicht abgeschlossen ist. Moussieren (sprich = mussieren) ist die französische Bezeichnung für Schäumen.
Firn: Von Kennern geschätzte Geschmacksveränderung älterer, abgelagerter Weißweine.
Fruchtig: Angenehm duftender, erfrischend nach Trauben oder anderem Obst schmekkender Wein.
Heuriger: Frischer, junger Wein des letzten Jahrgangs.
Korkgeschmack: Aus erkrankter Korkrinde hergestellte Korken können beim Wein einen Fehlgeschmack verursachen.
Oechsle: In Grad gemessene Süße des Traubenmostes.

Die Käseplatte — ein Kapitel für sich

Käse gilt zwar als klassischer Abschluß eines Menüs, wird aber immer vor dem Dessert serviert — oder statt dessen. Drei Sorten sind das mindeste, was eine Käseplatte offerieren sollte. Nach oben gibt's keine Grenzen. Das Praktische daran:

Man kann den Käse in Ruhe Tage vor dem Menü besorgen (manchem Käse wird etwas mehr Reife sogar guttun!). Kaufen Sie ruhig reichlich, denn eine Käseplatte ist immer willkommen. Grüne und blaue Weintrauben sehen auf einer Käseplatte sehr dekorativ aus und bilden einen geschmacklichen Kontrast. Ebenfalls dazu gehören verschiedene Brotsorten: Baguette für milden, Grau-, Vollkornbrot oder Pumpernickel für kräftigen Käse. Das passende Getränk ist ein kräftiger Rotwein.

EMPFEHLUNGEN VOM MEISTERKOCH

Edelpilzkäse, auch als „Bleus" (sprich: blöh) bezeichnet, sind durch und durch mit bläulich-grünen Adern durchzogen. Bleus werden aus Kuhmilch hergestellt. Der bekannte Roquefort (sprich: rockfor) hingegen als einziger aus Schafsmilch. Edelpilzkäse können Sie im Kühlschrank aufbewahren.
Vorschläge: Bavaria Blue (sprich: bawaria blu), Roquefort, Bresse Bleu oder Bleu de Bresse (sprich: breß blöh oder blöh de breß, Foto **3**), Gorgonzola, Fourme d'Ambert (sprich: furm damber) oder Bleu d'Auvergne (sprich: blöh dovernje).

Roter Schmierkäse ist ein Weichkäse mit „gewaschener" Rinde. Seine rötliche, leicht schmierige Oberfläche verbreitet einen kräftig-würzigen Geruch. Durch zu starke Kühlung kann der Käse allerdings bitter werden. In Pergamentpapier gewickelt im Gemüsefach des Kühlschranks aufbewahren.
Vorschläge: Munster (sprich: Münster, Foto **4**), Livarot (sprich: liwaro), Langres (sprich: lañgre), Maroille (sprich: maroaj) oder Pont l'Evêque (sprich: poñ lewäk, Foto **2**).

Rohmilchkäse täuschen durch ihr oft etwas unansehnliches Äußeres. Was sich darunter verbirgt, ist vom Feinsten, denn Rohmilchkäse werden aus unbehandelter, nicht erhitzter Milch hergestellt. Ihre Reifezeit wird nicht künstlich gestoppt; dadurch schmecken sie jeden Tag anders. Allerdings verderben sie, wenn sie einmal angeschnitten sind, schneller als andere Käsearten. Wie roten Schmierkäse aufbewahren. Auswahl: Gratte Paille (sprich: gratt paij), Chaource (sprich: schaurß, Foto **5**) oder Brillat-Savarin (sprich: brija ßawarāñ).

Hartkäse ist stark gepreßter, fester Käse, den man mehrere Wochen aufbewahren kann. Am besten unter einer Käseglocke. Die richtige Feuchtigkeit behält der Käse, wenn man ein Stück Tomate oder ein Schnapsglas mit Weißwein dazustellt. Kleine Stücke in Aluminiumfolie gewickelt im Gemüsefach des Kühlschranks aufheben. Eine Auswahl mittelharter und harter Sorten: Allgäuer Bergkäse, Emmentaler, Edamer, Gouda (sprich: Gauda), Tomme de Savoie (sprich: tomm de ßawoa, Foto **6**), Tête de Moin (sprich: tät de moañ), Greyerzer, Gruyère (sprich: grüjähr), Parmesan, Franche Comte (sprich: fransch koñt) oder Appenzeller.

Ziegenkäse wird fast immer aus Rohmilch hergestellt. Es gibt ihn mit unterschiedlicher Form und Rinde. Junger Ziegenkäse hat einen recht milden, älterer einen wesentlich kräftigeren Geschmack. Wie roten Schmierkäse aufbewahren. Auswahl: Sylter, Le Caprin (sprich: le kaprāñ), Crottin de Chavignol (sprich: krotāñ de schawinjol) oder Sainte-Maure (sprich: säñt mor, Foto **1**).

Weichkäse mit Weißschimmelrinde haben eine samtig-weiche, weiße Schimmelrinde. Bräunliche Flecken sind ein Zeichen für schlechte Qualität. Und Sorten, die schon anfangen zu "laufen", sind überreif. Wie roten Schmierkäse lagern. Auswahl: Camembert Super Médaillon (sprich: kammañbähr, Foto **7**), Fourgeru (sprich: furscherü), Brie de Meaux (sprich: brie de mo) oder Coulommiers (sprich: kuhlomjeh).
Für alle Käsesorten gilt: Nicht zu kalt servieren. Beim Zusammenstellen der Käseplatte am besten kleine Gruppen bilden, damit man milde und kräftige Sorten unterscheiden kann. In dieser Reihenfolge wird auch gegessen: Zuerst der milde und zum Schluß der kräftig-würzige Käse. Käserinden (auch Weißschimmel) werden vom Feinschmecker grundsätzlich entfernt.

Böhnchensalat mit Pilzen

EINKAUF

100 g grüne Bohnen

Beste Wahl: Extrafeine Bohnen, auch Kenia-oder Prinzeßbohnen genannt. Sie sind besonders dünn und knackig. Ganzjährig erhältlich.

160 g Champignons

Weiße und die im Geschmack würzig-intensiveren rosa Champignons kaufen. Ideal: Beide Sorten. Auf geschlossene Pilzköpfe achten.

80 g Steinpilze

Frische Steinpilze. Im Sommer und Herbst erhältlich.
Alternative: Eingelegte Steinpilze im Glas. Erhältlich in Delikatessenläden.

Schalotte

2 Lauchzwiebeln

1 kleiner Friséesalat

Krause Endiviensalatsorte mit stark gefiederten Blättern.

1 Zitrone

Kerbel

Glatte Petersilie

Schnittlauch

Olivenöl

Sherry-Essig

Kann man auch selbst herstellen, siehe Rezept Sherry-Essig. Alternative: Guter Weinessig.

Weißwein (trocken)

Senf

Beste Wahl: Eine milde, feinwürzige Sorte (z. B. Delikateßsenf).

ZUTATEN

Für 2 Personen

100 g grüne Bohnen
80 g weiße Champignons
80 g rosa Champignons
80 g Steinpilze
1 Zitrone
½ Schalotte (15 g)
2 Lauchzwiebeln (75 g)
50 g Friséesalat
6 Zweige Kerbel
3 Stiele Petersilie
6 Stengel Schnittlauch
2 EL Olivenöl
1 TL Sherry-Essig
1 TL Weißwein
½ TL Senf
Salz

GERÄTE

Kochtopf
Schälchen
Sieb
Schneebesen
Schaumkelle
Küchenpinsel

ZEIT

Vorbereitung:
ca. 10 Minuten

Zubereitung:
ca. 15 Minuten

NÄHRWERT

pro Person

Kalorien (kcal):	150
Joule (kJ):	630
Eiweiß (g):	5 ☐
Fett (g):	11 ☐
Kohlenhydrate (g):	8 ☐

VORBEREITUNG

1. Stielansatz und Spitzen von den gewaschenen Bohnen abbrechen.
2. Wurzelansatz und dunkelgrüne Blätter von den Lauchzwiebeln abschneiden. Äußere, beschädigte Blattschicht entfernen, so daß nur das zarte, weiße Herz übrigbleibt.

Arbeitsablauf: Für ein größeres Menü kann fast alles fertig zubereitet werden. Das Waschen des Friséesalats, das Hacken der Kräuter und die Zubereitung des Dressings erst kurz vor dem Servieren erledigen.

ZUBEREITUNG BÖHNCHENSALAT

1. Böhnchen in sprudelnd kochendes Salzwasser schütten.

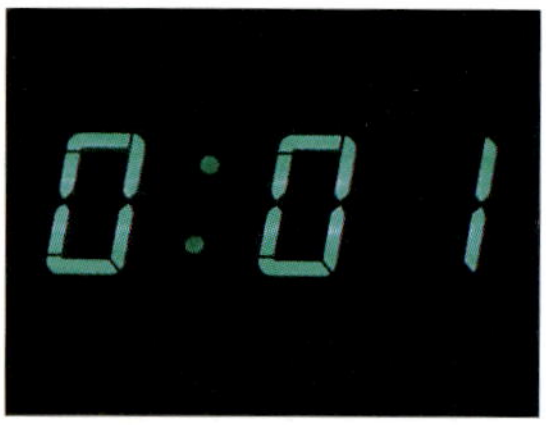

2. Etwa 1 Minute darin blanchieren (sprudelnd kochen lassen).

3. Mit einer Schaumkelle herausheben. In kaltem Salzwasser abschrecken.

4. Kalt abspülen. Zum Abtropfen in ein Sieb geben.

5. Champignons mit einem Pinsel säubern. Sandigen Fuß abschneiden.

6. In Scheiben oder Viertel schneiden. Mit Zitronensaft säuern.

7. Steinpilze ebenfalls in Scheiben schneiden.

8. Schalotte fein würfeln, Lauchzwiebelherzen in Scheiben schneiden.

9. Kerbel zupfen, Schnittlauch in Röllchen schneiden, Petersilie hacken.

10. Je 1 TL Weißwein und Essig, Salz, Schalotte und 2 EL Öl verrühren. Senf und Kräuter zugeben.

11. Verlesenen Frisée waschen, auf einem Sieb abtropfen lassen.

12. Böhnchen, Pilze und Frisée auf Teller plazieren. Durchgerührtes Dressing darüberträufeln.

Tips vom Meisterkoch

Die Böhnchen bleiben schön grün, wenn sie in kaltem Salzwasser gewaschen, in sprudelndem Salzwasser gekocht und in kaltem Salzwasser abgeschreckt werden. Sie nehmen das Salz nicht auf, müssen aber vor dem Servieren noch einmal abgespült werden. Außer den Champignons kann man für diesen Salat auch Pfifferlinge nehmen. Das Dressing schmeckt besonders aromatisch, wenn dafür Balsamessig (ital.: Aceto Balsamico, sprich: atschäto balsamiko) und ein würziger Senf, z. B. Moutarde de Meau (sprich: mutard de mo) verwendet werden. Auch ein besonderes Öl macht den Salat oft noch delikater. Allerdings sind Nuß- oder Kernöle oft bereits beim Einkauf ranzig. Im Zweifel deshalb lieber darauf verzichten und ein gutes kaltgepreßtes Olivenöl (extra vergine, sprich: wärdschine) nehmen und mit zwei frisch gehackten Walnußkernen mischen.

Bei Tisch

Dieser Salat kann als Vorspeise, leichtes Hauptgericht oder auch als kleiner Imbiß serviert werden. Die wichtigste Regel beim Salat: Er darf nicht im Dressing schwimmen. Das heißt, es soll an den Salatzutaten haften. Deshalb das Dressing kurz vor dem Servieren des Salates noch einmal kurz mit dem Schneebesen durchschlagen, damit sich die Zutaten gut miteinander verbinden. Das Dressing löffelweise über die Salatzutaten geben. Weinempfehlung: Dazu paßt Weißwein. Entweder ein leichter, bekömmlicher Gutedel oder ein Ruländer (Grauer Burgunder, Pinot gris, sprich: pino gri).

Wenn etwas übrigbleibt

GEMISCHTER SALAT

1. Restlichen Friséesalat (ca. 200 g) verlesen, waschen und auf einem Sieb abtropfen lassen.
2. Mit zwei in Streifen geschnittenen Lauchzwiebeln mischen.
3. 150 g Thunfisch ohne Öl abtropfen lassen, zerpflücken und dazugeben.
4. Einen halben Becher Joghurt mit 2 EL Zitronensaft, etwas Salz und Pfeffer verrühren und abschmecken.
5. Vorsichtig unter den Salat heben.

PILZPFANNE

1. 250 g rohe Pilze mit einem Küchenpinsel säubern.
2. In Viertel oder Scheiben schneiden.
3. Etwas Butter in einer Pfanne zerlassen und eine zerdrückte Knoblauchzehe andünsten.
4. Pilze dazuschütten und 1–2 Minuten mitdünsten.
5. Mit gehackten Kräutern und wenig Salz würzen. Dazu schmeckt knusprig aufgebackene Baguette.

Spargelsalat mit gezupften Kräutern und Shrimps

EINKAUF

150 g Shrimps

Shrimps (Tiefseegarnelen) sind eiweißreich, fettarm und haben festes, wohlschmeckendes Fleisch. Für dieses Rezept kaufen Sie Shrimps ohne Schalen.

500 g Spargel

Spargel mit glatten, saftigen Schnittstellen wählen, Klasse Extra oder 1. Sehr dekorativ: Zwei Sorten, weißer Spargel mit seinem feinen, grüner mit seinem kräftig-würzigen Geschmack. Saison in Deutschland: Von Ende April bis Ende Juni (nur weißer Spargel). Grüner Spargel wird importiert.

1 Zitrone

Schnittlauch

Kerbel

Estragon

Wie Kerbel in kleinen Töpfchen erhältlich. Alle Kräuter in Töpfen eignen sich prima für einen kleinen Kräutervorrat.

Kresse

Die kleinblättrige Gartenkresse gibt's meist als Mini-Beet zu kaufen. Die großblättrige Brunnenkresse als Bund. Beide kann man gut miteinander mischen.

Schalotte

Weißwein (trocken)

ZUTATEN

Für 2 Personen

250 g weißer Spargel
250 g grüner Spargel
150 g Shrimps
10 Zweige Kerbel
1 Bund Schnittlauch
10 Zweige Estragon
½ Beet Gartenkresse
1 Zitrone
½ Schalotte
2 EL Essig
2 EL Weißwein
3 EL Olivenöl
Salz, Pfeffer

GERÄTE

Kochtopf (breit, Spargelstangen sollen schwimmen)
Schüssel
Spargel- oder Sparschäler
Zitronenpresse
Schneebesen
Schaumkelle
Küchenschere

ZEIT

Vorbereitung:
ca. 5 Minuten

Zubereitung:
ca. 20 Minuten

NÄHRWERT

pro Person

Kalorien (kcal):	230
Joule (kJ):	960
Eiweiß (g):	15
Fett (g):	12
Kohlenhydrate (g):	6

VORBEREITUNG

Eine Schüssel mit kaltem Wasser (möglichst mit einigen Eiswürfeln) zum Abschrecken des Spargels nach dem Kochen bereitstellen. Zweck des Abschreckens: Der Spargel soll nicht durch die vorhandene Wärme nachgaren und seinen knackigen „Biß" verlieren. Arbeitsablauf: Das Schälen des Spargels (siehe Phasenfotos 6 und 7 auf der nächsten Seite) kann man vorziehen. Spargelschalen und holzige Spargelenden nicht wegwerfen (siehe "Wenn etwas übrigbleibt"). Spargel in ein feuchtes Handtuch einwickeln und im Gemüsefach des Kühlschranks aufbewahren.

ZUBEREITUNG SPARGELSALAT

1. Kerbel und Estragon zupfen. Kresse vom Beet schneiden.

2. Eine halbe Schalotte fein hacken, Schnittlauch in Röllchen schneiden.

3. Kräuter mit den Schalottenwürfeln und 1 EL Zitronensaft mischen.

4. Shrimps in der Kräutermischung wälzen, etwas durchziehen lassen.

5. Essig, Wein, Salz, Pfeffer mit dem Schneebesen verrühren. Öl zugeben.

6. Grünen Spargel nur am weißen Ende schälen, Enden abschneiden.

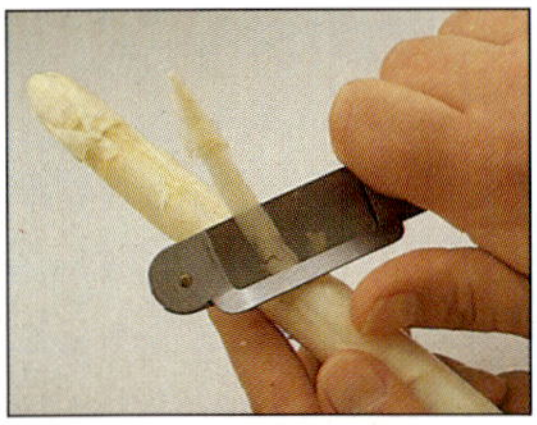

7. Weißen Spargel schälen, dabei ½ cm unterhalb des Kopfes beginnen.

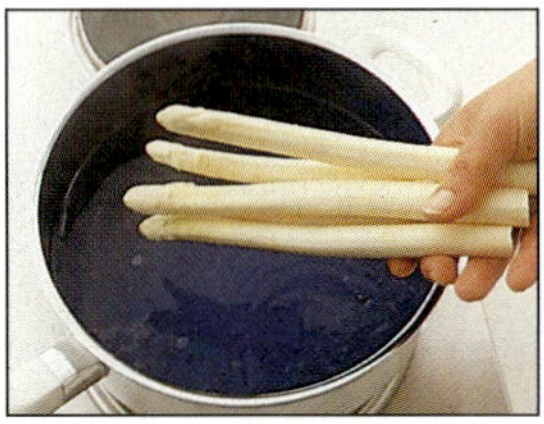

8. Spargelenden abschneiden, Stangen in kochendes Salzwasser geben.

9. Fünf Minuten garen. Herausheben, in kaltem Wasser abschrecken.

10. Grünen Spargel ins Kochwasser legen, 3 Minuten garen, herausheben und abschrecken.

11. Abgeschreckten Spargel auf ein Handtuch zum Abtropfen geben.

12. Spargel auf dem Teller plazieren, durchgerührtes Dressing darüberträufeln. Mit Shrimps anrichten.

Tips vom Meisterkoch

Bei den meisten Spargelsorten wurde der leicht bittere Geschmack weggezüchtet. Nur der bläulich-violette hat mitunter noch einen Bitterton, den man durch einen Teelöffel Zucker im Kochwasser mildern kann. Bei diesem Rezept beide Sorten ohne Zucker garen, denn Zucker und Shrimps beißen sich. Besonders aromatisch schmeckt dieser Salat, wenn man ihn nicht ganz kalt serviert. Die Shrimps dürfen nicht direkt aus dem Kühlschrank kommen, sondern sollten Zimmertemperatur haben, damit ihr Eigengeschmack richtig zur Geltung kommt. Sehr gut passen auch Soja- oder Mungobohnensprossen dazu. Beide sind reich an hochwertigem pflanzlichen Eiweiß. Als Sterne-Dekoration kann man einen Eßlöffel Lachskaviarperlen (gesalzenen Rogen vom Lachs) über die Spargelstangen geben.

Bei Tisch

Der Spargelsalat mit gezupften Kräutern und Shrimps (sprich: schrimps) kann als leichtes Haupt- oder Zwischengericht serviert werden. Sehr gut eignet er sich auch als Vorspeise eines größeren Menüs. Der Spargel kann auch vor dem Anrichten in 3–4 cm lange, mundgerechte Bissen zerteilt werden. Weinempfehlung: Ein Weißburgunder oder Grüner Veltliner. Ganz edel: Ein stiller Champagne-Wein.

Wenn etwas übrigbleibt

AUFBEWAHREN

Kühlschrank: Shrimps ein bis zwei Tage. Roher, ungeschälter Spargel zwei Tage. Spargelstangen in ein feuchtes Handtuch wickeln und ins Gemüsefach legen. Gefriergerät: Roher, geschälter weißer Spargel zwei bis drei Monate. Vor dem Einfrieren blanchierter weißer Spargel sechs Monate. In Zitronenwasser blanchierter grüner Spargel acht Monate. Unaufgetaut ins Kochwasser geben.

SPARGEL-KRÄUTER-SUPPE

1. Spargelschalen und -enden 20 Minuten in ¼ l leicht gesalzenem Wasser auskochen.
2. Spargelwasser durch ein Sieb in einen Topf gießen. Ausgekochte Schalen wegwerfen.
3. 2 EL Crème fraîche und 1 Eigelb verquirlen und unterrühren.
4. Übrige Kräuter von den Stielen zupfen und zugeben. Mit einem Pürierstab oder im Mixer fein pürieren.
5. Mit einigen Tropfen Zitronensaft und einer Prise Salz abschmecken. Kurz unter Rühren erhitzen, aber nicht mehr aufkochen, weil sonst das Eigelb gerinnt. Restliche Shrimps als Einlage servieren.

Gemischter Salat mit Fischfiletstreifen

EINKAUF

1 Portion Fischfilet

Preiswerte Sorten: Rotzungenfilet und Schollenfilet. Teure Variante: Seezungenfilet oder Baby-Steinbuttfilet. Alle haben zartes, festes und weißes Fleisch, sind eiweißreich und fettarm.

8 Zuckerschoten

Zuckerschoten (Kaiserschoten, Zuckererbsen), eine süßlich-zarte Erbsensorte, haben flache Schoten ohne zähe Innenhaut. Sie werden als ganze Schote zubereitet und gegessen. Das Palen (Enthülsen) entfällt.

4 Lauchzwiebeln

Zarte Zwiebelsorte (Frühlingszwiebeln) mit Grün.

1 kleine Zucchini

Kleine, feste Zucchini sind besonders zart. Es fällt kaum Abfall an, da sie nicht geschält werden müssen.

1 kleine Aubergine

Bester Kauf: Schmale, glatte, glänzende Früchte mit dunkelvioletter Schale und knackig-grünem Blattkranz am Stiel.

Kerbel

Schnittlauch

Olivenöl

ZUTATEN

Für 2 Personen

200 g Fischfilet
8 Zuckerschoten
4 Lauchzwiebeln
1 Zucchini (125 g)
1 Aubergine (150 g)
4 EL Olivenöl
1 EL Butter (20 g)
1 EL Essig
4 Zweige Kerbel
6 Stengel Schnittlauch
Salz, Pfeffer

Garniervorschlag:
Ein Kräutersträußchen, zum Beispiel Brunnenkresse

GERÄTE

Kochtopf
Pfanne
Schälchen
Sparschäler
Bratenwender

ZEIT

Vorbereitung:
ca. 10 Minuten

Zubereitung:
ca. 15 Minuten

NÄHRWERT

pro Person

Kalorien (kcal):	420
Joule (kJ):	1760
Eiweiß (g):	19
Fett (g):	30
Kohlenhydrate (g):	13

VORBEREITUNG

1. Wurzelansatz und dunkelgrüne Blätter von den Lauchzwiebeln abschneiden. Äußere beschädigte Blattschicht entfernen, so daß nur das zarte, fast weiße Herz übrigbleibt.
2. Zucchini und Aubergine waschen.
3. Zucchini-Enden abschneiden.
4. Blattkranz und Stiel von der Aubergine abschneiden.
5. Essig mit wenig Salz, Pfeffer und 2 EL Olivenöl zu einem Dressing verrühren.

Tip: Erst kurz vor dem Servieren Kerbel zupfen und Schnittlauch in Röllchen schneiden, sonst werden die Kräuter trokken.

Arbeitsablauf: Für ein größeres Menü einige Stunden vor dem Anrichten die Zuckerschoten blanchieren, abschrekken und abtropfen lassen. Übrige Zutaten, bis auf den Fisch, vorbereiten. Zum Schluß den Fisch braten, alles anrichten, mit dem Dressing beträufeln und mit Kräutern bestreuen.

ZUBEREITUNG SALAT MIT FISCHFILETSTREIFEN

1. Erbsen am Stielansatz einschneiden, Fäden an der Hülse abziehen.

2. Schoten in sprudelnd kochendes Salzwasser schütten.

3. Etwa 2 Minuten blanchieren (sprudelnd kochen lassen).

4. In kaltem Wasser abschrecken, zum Abtropfen auf ein Tuch geben.

5. Lauchzwiebelherzen längs in dünne Scheiben schneiden.

6. Auberginen quer, Zucchini längs in dünne Scheiben schneiden.

7. Auberginen in 2 EL Öl bei mittlerer Hitze 20 Sekunden braten.

8. Zucchinischeiben von jeder Seite 5 Sekunden braten.

9. Fischfilet in 6 – 8 cm breite Streifen schneiden.

10. Kochplatte auf geringe Hitze zurückschalten. 1 EL Butter schmelzen, Fischstücke hineinlegen.

11. Fischstücke von jeder Seite etwa eine halbe Minute goldbraun braten. Leicht salzen.

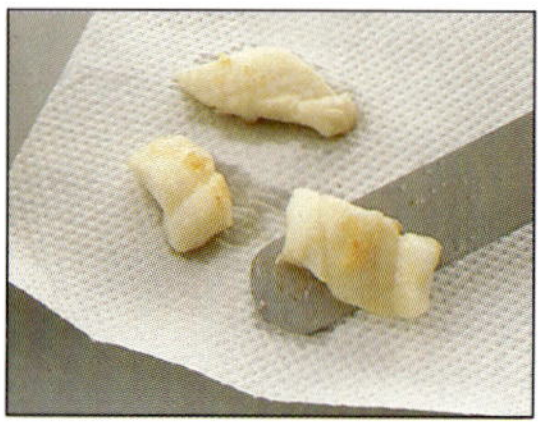

12. Auf Küchenpapier legen, damit überschüssiges Fett aufgesaugt wird.

Tips vom Meisterkoch

Ein leichter Salat, zu dem außer Kerbel und Schnittlauch auch kleine Sträußchen von Brunnenkresse sehr gut passen. Brunnenkresse ist reich an Vitaminen und Mineralstoffen. Am besten schmecken die jungen, zarten Blätter. Auberginen und Zucchini nehmen beim Braten viel Fett auf. Deshalb sollte man sie wie die Fischstücke nach dem Braten auf Küchenpapier legen, damit überschüssiges Fett aufgesaugt wird. Das Fischfilet muß in breite Streifen geschnitten werden, da es sich beim Braten stark zusammenzieht. Einen interessanten Geschmack erhält das Dressing, wenn man dafür einen feinaromatischen Sherry-Essig verwendet.

Bei Tisch

Dieser Salat kann als Vorspeise oder Hauptgericht serviert werden. Der Salat schmeckt übrigens auch ohne den Fisch ausgezeichnet. Besonders im Sommer als leichter Imbiß. Weinempfehlung: Ein Frankenwein (Silvaner) oder ein weißer, trockener Nahe-Wein.

Wenn etwas übrigbleibt

MARINIERTES GEMÜSE

1. Je eine kleine rohe Zucchini und Aubergine in Scheiben schneiden, leicht salzen und, wie auf der linken Seite beschrieben, braten. Auf Küchenpapier legen, damit überschüssiges Fett aufgesaugt wird.
2. 3 EL Essig, 1 Prise Salz und Pfeffer mit 6 EL Öl verrühren. Eine zerdrückte Knoblauchzehe und 2 EL feingehackte Kräuter (Kerbel, Schnittlauch) zugeben.
3. Gebratene Auberginen- und Zucchinischeiben damit marinieren. Mit knusprig aufgebackener Baguette als Imbiß oder Vorspeise servieren.

Feldsalat mit Äpfeln und Geflügelleber

EINKAUF

125 g Geflügelleber

Beste Wahl: Die zarte Putenleber. Alternative: Hähnchenleber. Beide sind sehr eiweiß- und mineralstoffreich. Beim Geflügelhändler oder an den Frischgeflügeltheken der Kaufhäuser erhältlich.

2 kleine Äpfel

Beste Wahl: Eine säuerlich-erfrischende Sorte (Gravensteiner, James Grieve, Jonathan oder Boskop). Sehr dekorativ: Unterschiedliche Schalenfarben.

1 Zitrone

150 g Feldsalat

Auch Ackersalat, Rapunzel oder Nüßlisalat genannt. Feldsalat hat dunkelgrüne Blattbüschel mit nußartigem Geschmack, ist reich an Vitamin C und Mineralstoffen (vor allem Kalium). Je größer die Einzelpflanze, desto geschmacksintensiver.

Schalotte

Knoblauch

Petersilie

Petersilie mit glatten Blättern hat ein kräftigeres Aroma als krause.

Kerbel

Schnittlauch

Sherry-Essig

Kann man selbst zubereiten, siehe übernächste Seite.

Weißwein

ZUTATEN

Für 2 Personen

125 g Geflügelleber
1 TL Butter (5 g)
1 roter Apfel (150 g)
1 grüner Apfel (150 g)
1 Zitrone
150 g Feldsalat
1 EL Sherry-Essig
1 EL Weißwein
2 EL Öl
½ Schalotte (15 g)
½ Knoblauchzehe
4 Stiele Petersilie
4 Zweige Kerbel
4 Stengel Schnittlauch
Salz

Garniervorschlag:
Gehackte Walnußkerne und einige Apfelkugeln

GERÄTE

Pfanne
Rührschüssel
Schälchen
Bratenwender oder ein dünnes, abgerundetes Pfannenmesser (Palette)
Schneebesen
evtl. Kugelausstecher

ZEIT

Vorbereitung:
ca. 10 Minuten

Zubereitung:
ca. 20 Minuten

NÄHRWERT

pro Person

Kalorien (kcal):	310
Joule (kJ):	1300
Eiweiß (g):	16
Fett (g):	16
Kohlenhydrate (g):	24

VORBEREITUNG

1. Äpfel gut waschen und abtrocknen.
2. Feldsalat verlesen und den Wurzelansatz entfernen. Erst kurz vor dem Servieren waschen, sonst laugt er aus.
3. Schalotte und Knoblauchzehe sehr fein würfeln (hacken).

Kräuter erst kurz vor dem Zubereiten des Dressings zerkleinern, sonst werden sie trocken.

Arbeitsablauf: Für ein großes Menü das Dressing und die Äpfel vorbereiten. Leber in Scheiben schneiden und mit Frischhaltefolie abdekken. Erst kurz vor dem Servieren braten.

ZUBEREITUNG FELDSALAT MIT GEFLÜGELLEBER

1. Äpfel vierteln. Mit einem Kugelausstecher oder Messer entkernen.

2. In dünne Scheiben schneiden und mit Zitronensaft beträufeln.

3. Feldsalat in kaltem Wasser waschen und abtropfen lassen.

4. Kerbel zupfen, Petersilie hacken, Schnittlauch in Röllchen schneiden.

5. Essig, Weißwein, Salz, Knoblauch, Schalotte und Öl verrühren.

6. Kräuter dazugeben, Dressing verrühren.

7. Leber schräg in dünne Scheiben schneiden.

8. Leberscheiben mit Küchenpapier trockentupfen.

9. Kochplatte auf mittlere Hitze schalten.

10. 1 EL Öl in der Pfanne verteilen, erhitzen und 1 TL Butter zugeben.

11. Leberscheiben in die mäßig heiße Butter einlegen.

12. Ganz kurz von jeder Seite braten. Leicht salzen, anrichten.

ZUBEREITUNG HIMBEER-ESSIG

1. 50 g ungewaschene, verlesene Himbeeren und ein Stück weißen Kandiszucker in eine klare, farblose Flasche geben.

2. 0,1 l guten Weißweinessig dazuschütten und die Flasche mit einem Korken verschließen.

3. Im Sommer an einem sonnigen Platz, im Winter in Heizungsnähe stehenlassen, bis der Essig rosa ist. Filtern, Himbeeren wegwerfen.

ZUBEREITUNG SHERRY-ESSIG

1. ⅛ l Sherry in eine Flasche schütten. Zwei Eßlöffel Essigessenz (20 %) zugeben.

2. Flasche verkorken, einmal schütteln und etwa drei Wochen stehenlassen.

3. Im Sommer einen sonnigen Platz, im Winter einen Platz an der Heizung dafür auswählen.

Tips vom Meisterkoch

Der Salat schmeckt auch mit sehr jungem Blattspinat und Friséesalat ausgezeichnet. Die Spinatblätter wie den Feldsalat verlesen, Stiele abzupfen. Die Äpfel können kurz in kochendem Zitronenwasser blanchiert werden. Das macht sie zarter. Sehr fein wird das Dressing, wenn man es mit je einem Teelöffel Himbeer- und Sherry-Essig, einem Eßlöffel Weißwein und aromatischem Olivenöl zubereitet. Eine besondere Note bekommt die Leber, wenn man vorher die dünne Haut abzieht und die Leberscheiben 15 Minuten mit zwei Eßlöffel Portwein mariniert. Exzellente Alternativen zur Putenleber sind Gänse-, Enten- und Kalbsleber. Sie sind besonders zart und erhöhen den Genuß.

Bei Tisch

Angerichtet wird der Salat erst kurz bevor er serviert wird. Die Geflügelleber sollte lauwarm sein und bildet dann einen feinen Kontrast zu Feldsalat und Äpfeln. Gehackte Walnüsse, als Garnierung über den Salat gestreut, verstärken den leichten Nußgeschmack des Feldsalates. Auch ohne Leber schmeckt dieser Salat sehr gut als Vorspeise oder leichter Imbiß. Er kann auch mit gebratener Hähnchen-, Poularden- oder Entenbrust gereicht werden.
Weinempfehlung: Ein vollmundiger, gut gekühlter Weißherbst (Rosé).

Wenn etwas übrigbleibt

Rohe Leber im Kühlschrank nur einen Tag aufbewahren, aufgetaute sofort verbrauchen und nicht wieder einfrieren. Frische, rohe Leber läßt sich gut einfrieren. Leberstücke einzeln in Gefrierfolie verpacken, dann lassen sie sich besser auftauen. Lagerzeit etwa drei Monate. Zugedeckt im Kühlschrank auftauen lassen (ca. 2-3 Stunden). Auftauflüssigkeit wegschütten und die Leber kalt abspülen. Mit Küchenpapier trockentupfen und braten.

Verschiedene Blattsalate mit rosa gebratener Geflügelbrust

EINKAUF

1 Geflügelbrust

Geflügelbrusthälften kann man einzeln (ausgelöst) fertig abgepackt kaufen. Sonst beim Geflügelhändler eine Hähnchen- oder Poulardenbrust verlangen. Die beiden Hälften vom Brustknochen ablösen lassen.

Schalotte

Knoblauch

Kresse

Kresse ist reich an Vitamin C und wird meist als Mini-Beet angeboten (Gartenkresse). Die großblättrige Brunnenkresse ist seltener im Handel.

Glatte Petersilie

Schnittlauch

1 kleiner Friséesalat

Frisée (krause Endivie) ist leicht an den stark geschlitzten Blättern und dem hellgrünen bis zartgelben "Salatherz" zu erkennen. Sehr vitamin- und mineralstoffhaltig. Alternative: Glatte Endivie (Eskariol).

1 kleiner Eichblattsalat

Erinnert in seiner Blattform an Eichenblätter. Leicht nußartiger, frischer Geschmack. Variante: Einen anderen Blattsalat oder nur eine Salatsorte für dieses Rezept kaufen.

Sherry-Essig

Alternative: Ein guter, aromatischer Weinessig.

Olivenöl

ZUTATEN

Für 4 Personen

2 Geflügelbrusthälften (ca. 250 g)
1 Schalotte
½ Knoblauchzehe
½ Beet Kresse
4 Stiele Petersilie
6 Stengel Schnittlauch
1 Friséesalat (250 g)
1 Eichblattsalat (250 g)
2 EL Sherry-Essig
4 EL Olivenöl
1 TL Öl
1 TL Butter (5 g)
Salz, Pfeffer

GERÄTE

Pfanne
Sieb
Rührschüssel
Schälchen
Bratenwender oder dünnes, abgerundetes Pfannenmesser (Palette)
Schneebesen
Küchenschere

ZEIT

Vorbereitung:
ca. 10 Minuten
Zubereitung:
ca. 15 Minuten

NÄHRWERT

pro Person

Kalorien (kcal):	230
Joule (kJ):	960
Eiweiß (g):	14
Fett (g):	16
Kohlenhydrate (g):	3

VORBEREITUNG

1. Schalotte und Knoblauchzehe fein würfeln.
2. Salatkopf festhalten und mit der anderen Hand den Strunk unter Drehen herausbrechen. Salatblätter verlesen. Beide Salate werden sehr schnell welk. Am besten sofort verarbeiten und servieren.

Arbeitsablauf: Zuerst die Geflügelbrust braten. Während sie ruht (Phasenfoto 4) Salat waschen und vor dem Aufschneiden des Geflügels das Dressing zubereiten. Die Geflügelbrust sollte warm serviert werden.
Kresse erst kurz vor der Verwendung (Phasenfoto 8) vom Beet schneiden. Dann auch die Petersilie hacken und den Schnittlauch in Röllchen schneiden. Sonst laugen die Kräuter aus.

ZUBEREITUNG GEFLÜGELBRUST (1 – 9)
ZUBEREITUNG SALAT MIT GEFLÜGELBRUST (1 – 12)

1. Bei mittlerer Hitze 1 TL Öl in einer Pfanne erhitzen. 1 TL Butter zugeben.

2. Geflügelbrust hineinlegen. Von jeder Seite eine halbe Minute braten.

3. Leicht salzen und pfeffern. Bei geringer Hitze 2 Minuten weiterbraten.

4. Für 1 Minute auf einen vorgewärmten Teller legen. Einmal wenden.

5. Geflügelbrust in etwa 1 cm dicke Scheiben schneiden.

6. Dekorativ auf einem großen Teller plazieren.

7. Für das Dressing Essig, Salz, Pfeffer, Schalotte und Öl verrühren.

8. Feingeschnittene und gezupfte Kräuter dazugeben und untermischen.

9. Bratensaft vom Teller mit etwas Dressing würzen. Über das Fleisch geben.

10. Salate in kaltem Wasser waschen, in einem Sieb abtropfen lassen.

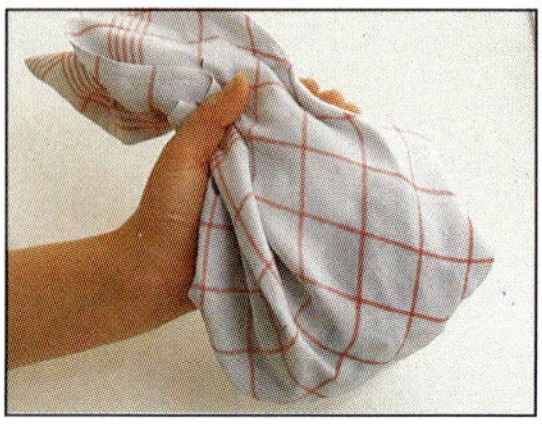

11. Abgetropfte Salate lose in ein Geschirrtuch einschlagen und trockenschleudern.

12. Salate mit dem übrigen Dressing mischen. Gut abtropfen lassen und anrichten.

Tips vom Meisterkoch

Frisée hat manchmal einen bitteren Geschmack. Das kann man etwas mildern, indem man den Salat lauwarm wäscht. Die Blattsalate kann man auch mit rosa gebratener Entenbrust servieren. Ganz leicht läßt sich dieser Salat in einen sogenannten "Salade Mesclin" (sprich: mesklãñ) verwandeln, indem man zwei Bund weißen oder grünen Löwenzahn hinzugibt. Die typisch gezahnten Blätter haben einen würzigen, zartbitteren Geschmack. Größere Blätter schmecken intensiver, kleinere milder und leicht süßlich. Die Frische erkennt man am austretenden milchigen Saft an den Schnittstellen. Als Würzkraut gehört auch ein Bund Portulak in diesen Salat. Der kühle, erfrischende und leicht salzige Geschmack der fleischigen Blätter verleiht ihm ein unverwechselbares Aroma.

Bei Tisch

Diese köstliche Vorspeise reicht für zwei Personen auch als leichtes Hauptgericht. Wenn die Geflügelbrust eine Haut hat, kann man diese sehr gut zum Garnieren verwenden. Dazu die abgelöste Haut in Streifen schneiden und kurz in der Pfanne knusprig braun braten. Ohne die Geflügelbrust wird der Salat zu einer kleinen Beilage für kurzgebratene Fleisch- oder Fischstücke. Auch zu Nudelgerichten paßt der Salat sehr gut. Weinempfehlung: Ein trockener Rosé. Ganz ausgezeichnet schmeckt zum Beispiel ein Côte de Provence.

Wenn etwas übrigbleibt

Rohe Geflügelbrust läßt sich gut einfrieren. Einzeln in Aluminiumfolie oder in Gefrierbeutel verpacken. Lagerzeit: vier bis sechs Monate. Zugedeckt im Kühlschrank auftauen lassen (etwa 2—3 Stunden). Auftauflüssigkeit wegschütten. Aufgetaute Geflügelbrust unter fließendem kalten Wasser sorgfältig waschen und trockentupfen. Anschließend bei mittlerer Hitze in Butter durchbraten. Beim Auftauen von Geflügel können sich gesundheitsschädigende Bakterien (Salmonellen) bilden, die jedoch bei einer Temperatur von etwa 80 Grad abgetötet werden. Wichtig: Nur ganz frisches Geflügel sollte rosa gebraten werden!

Klares Tomatengelee mit Basilikum

EINKAUF

1 Bund Suppengemüse

Schalotte

3 mittelgroße Tomaten

Beste Wahl: Sonnengereifte Freilandtomaten. Variante: Ausschließlich Tomaten aus der Dose verwenden.

Basilikum

Basilikum ist das ideale Würzkraut für alle Tomatengerichte. Gibt's frisch als Bund oder in kleinen Töpfen zu kaufen.

1 kleine Dose Tomaten

Geschälte Tomaten aus der Dose sind sehr aromatisch.

Tomatenmark

Eine kleine Dose oder Tube. Beste Wahl: Mehrfach konzentriertes italienisches Tomatenmark.

1 Ei

Weiße Blattgelatine

1 Paket Hüttenkäse

Hüttenkäse ist ein körniger Frischkäse. Quarkähnlich und sehr mild im Geschmack.

ZUTATEN

Für 2 Personen

Gemüsebrühe

1 Bund Suppengemüse
1 Schalotte
¼ l Wasser

Tomatengelee

100 g Hüttenkäse
150 g Tomaten
½ Dose geschälte Tomaten (ca. 150 g)
1 EL Tomatenmark
1 Eiweiß
¼ l Gemüsebrühe
3 Blatt weiße Gelatine
1 Zweig Basilikum
Salz

GERÄTE

Handrührgerät mit Pürierstab oder Mixer
Schnellkochtopf
Kochtopf
Litermaß
Rührschüssel
Sieb
Schöpfkelle

ZEIT

Vorbereitung:
ca. 25 Minuten

Zubereitung:
ca. 1 ½ Stunden, ohne Schnellkochtopf ca. 1 Stunde 40 Minuten, davon 1 Stunde reine Kühlzeit

NÄHRWERT

pro Person

Kalorien (kcal):	170
Joule (kJ):	710
Eiweiß (g):	17
Fett (g):	3
Kohlenhydrate (g):	17

VORBEREITUNG

1. Suppengemüse gründlich waschen und in grobe Stücke schneiden.
2. Schalotte fein würfeln.
3. Gemüse und Schalotte mit ¼ l Wasser in den Schnellkochtopf geben und aufkochen. Topf verschließen und Druck aufbauen. Bei geringer Hitze neun Minuten unter Druck garen (normaler Kochtopf ca. 25 Minuten).
4. Topf drucklos machen: Abdampfen oder in der Spüle kaltes Wasser auf den Deckel laufen lassen. Gemüsebrühe durch ein Sieb gießen, ausgelaugtes Gemüse wegwerfen.
5. Gelatine in kaltem Wasser einweichen.
6. Tomaten in Stücke schneiden, eine halbe Tomate entkernen und fein würfeln.

Tip: Der ausgedrückte, geformte Hüttenkäse (Phasenfoto 3) läßt sich besser schneiden, wenn er vorher etwa 15 Minuten in das Gefrierfach gelegt wird.
Das Tomatengelee läßt sich sehr gut am Vortag zubereiten. Dann kann es über Nacht im Kühlschrank erstarren.

ZUBEREITUNG TOMATENGELEE

1. 100 g Hüttenkäse in ein Geschirrtuch geben.

2. Kräftig ausdrücken, so daß eine krümelige Masse entsteht.

3. Ausgedrückten Käse zu einer zigarrenförmigen Rolle verarbeiten.

4. Eventuell kurz anfrieren, dann vorsichtig in Scheiben schneiden.

5. Tomaten mit Eiweiß und Tomatenmark in einen Topf geben.

6. Leicht salzen, fein pürieren und ¼ l Gemüsebrühe aufgießen.

7. Kochplatte auf mittlere Hitze schalten.

8. Unter ständigem Rühren alles einmal aufkochen lassen.

9. In ein mit einem Tuch ausgelegtes Sieb schütten und gut auspressen.

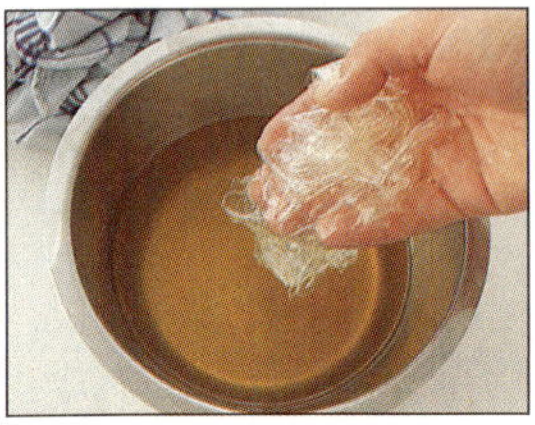

10. Gelatine ausdrücken, in der heißen Brühe auflösen. Mit einer Prise Salz abschmecken.

11. Etwas Brühe, Tomatenwürfel, Basilikum und 1 – 2 Stücke Käse in 2 Schalen geben. Kurz kühlstellen.

12. Übrige (kalte) Brühe dazugeben. Etwa 1 Stunde zum Erstarren in den Kühlschrank stellen.

Tips vom Meisterkoch

Einen ganz besonderen Geschmack bekommt das Gelee, wenn man die Tomatenflüssigkeit mit einem Teelöffel Gin abschmeckt. Und die raffinierte Variation: Anstelle von Hüttenkäse Caprinokäse verwenden. Das ist ein italienischer Frischkäse, der aus Ziegenmilch hergestellt wird – leider nur selten bei uns erhältlich.

Bei Tisch

Dieses Tomatengelee mit Basilikum und Frischkäse ist eine leichte kalte Vorspeise. Im Sommer schmeckt es auch herrlich erfrischend als leichtes Hauptgericht. Es ist gut geeignet für ein großes Menü, denn es kann frühzeitig zubereitet werden. Gegessen wird es mit dem Löffel.

Wenn etwas übrigbleibt

AUFBEWAHREN

Kühlschrank: Tomatengelee mit Frischhaltefolie abgedeckt etwa drei bis vier Tage. Übriger Frischkäse hält sich etwa eine Woche.
Verwendungsvorschlag: Tomatengelee mit einem frischen Salat oder zu einer Mousse von Räucherforelle servieren. Frischkäse auf Schwarzbrotscheiben streichen, mit Schnittlauchröllchen bestreut servieren.

TOMATENSUPPE

1. Eine gewürfelte Schalotte und eine zerdrückte Knoblauchzehe in 1 TL heißer Butter andünsten.
2. 250 g Dosentomaten mit Saft dazugeben und aufkochen.
3. Mit 2 EL Tomatenmark, einer Prise Salz und eventuell mit etwas Gin abschmecken.

BASILIKUMSAHNE

1. Basilikumblättchen von fünf Stielen sehr fein schneiden.
2. ⅛ l süße Sahne steifschlagen und mit einer Prise Salz und dem Basilikum würzen. Eventuell mit einigen Tropfen Gin abschmecken. Basilikumsahne schmeckt zu Tomatensuppen (als Haube), zu Tomatensaucen (vorsichtig unterheben) oder zu Tomatengelee.

Gemüseterrine

EINKAUF

5–6 dünne Möhren

1 Staudensellerie

Auch als Bleich- oder Stangensellerie bekannt. Nur als ganze Staude erhältlich, mit knackig-frischen grünen Stangen, die in einem zart- bis kräftiggrünen Blattgekräusel enden.

1 kleiner Kohlrabi

Junger Kohlrabi ist am zartesten, älterer oft holzig und hat dementsprechend viel Abfall.

500 g Spargel

Beste Wahl: Grüner und weißer Spargel (halb und halb) mit festen Köpfen und frischen Schnittstellen. Alternative: Nur weißen Spargel verwenden.

1 große Stange Lauch

Basilikum

Als Bund oder in kleinen Töpfen erhältlich. Die grünen Blättchen haben ein süßlich-scharfes Aroma.

125 g Pinienkerne

Schalenlose, weiße, stiftförmige Samenkerne der in Mittelmeerländern beheimateten Pinie. Geschmack: Mandelähnlich. Preiswerter: Süße Mandeln.

125 g Hartkäse

Beste Wahl: Peccorino, ein italienischer Hartkäse aus Schafsmilch. Alternative: Milder Hartkäse, z. B. alter Gouda.

Olivenöl

ZUTATEN

Für 10–12 Personen

250 g Möhren
250 g Staudensellerie
300 g Kohlrabi
250 g weißer Spargel
250 g grüner Spargel
1 Stange Lauch (250 g)
1 großes Bund oder
2 Töpfchen Basilikum
125 g Pinienkerne
2 EL Olivenöl
125 g Hartkäse
Salz, Pfeffer

Garniervorschlag:
Tomaten, grobes Meersalz, Basilikum

GERÄTE

2 Kochtöpfe
Zerkleinerer oder Mixer
Schaumkelle
kleine Kastenkuchenform (etwa 1 l Inhalt)
Frischhaltefolie

ZEIT

Vorbereitung:
ca. 30 Minuten

Zubereitung:
ca. 6 ½ Stunden, davon 6 Stunden reine Kühlzeit

NÄHRWERT

pro Person

Kalorien (kcal):	160
Joule (kJ):	670
Eiweiß (g):	9 ☐
Fett (g):	11 ☐
Kohlenhydrate (g):	7 ☐

VORBEREITUNG

Terrine wegen der langen Kühlzeit am besten einen Tag vorher zubereiten.
1. Möhren, Kohlrabi und weißen Spargel schälen. Grünen Spargel nur am weißen Ende schälen. Selleriestangen am Wurzelansatz abschneiden. Blätter entfernen und grobe Fasern von den Stangen abziehen.
2. Kohlrabi in Stifte schneiden.
3. Vom Lauch dunkelgrüne Blätter und Wurzelansatz abschneiden.
4. Gemüse sortenweise in leicht gesalzenem, kochendem Wasser garen.

Weißer Spargel	18 Min.
Kohlrabi	12 Min.
Möhren	12 Min.
Grüner Spargel	10 Min.
Staudensellerie	10 Min.
Lauch	5 Min.

5. In eiskaltem Wasser abschrecken und abkühlen.
6. Gut abtropfen lassen, mit Küchenpapier abtrocknen.
7. Käse in kleine Würfel schneiden.
8. Lauch längs einschneiden, Blattschichten auffächern.

Tip: Basilikumpaste in zwei Partien zubereiten, wenn nicht alles in den Zerkleinerer paßt.

ZUBEREITUNG GEMÜSETERRINE

1. Basilikum, Pinienkerne, Olivenöl und Käse in den Zerkleinerer geben.

2. Mit einer Prise Salz und Pfeffer würzen.

3. Zu einer feinen grünen Paste verarbeiten.

4. Eine Terrinen- oder Kastenform mit Frischhaltefolie auslegen.

5. Wände und Boden mit den aufgefächerten Lauchblättern auskleiden.

6. Vorbereitetes, gekochtes Gemüse mit der Paste gleichmäßig bestreichen.

7. Gemüse farblich abgestuft mit der restlichen Paste hineinschichten.

8. Gemüse mit Lauchstreifen bedecken und die Folie darüberschlagen.

9. Mit einem passenden Gegenstand sehr gut beschweren.

10. Mindestens sechs Stunden durchkühlen lassen (nicht gefrieren!).

11. Folie öffnen, seitlich etwas ziehen und Terrine stürzen. Folie vorsichtig abziehen.

12. Mit einem Elektro- oder sehr scharfen Messer in Scheiben schneiden.

Tips vom Meisterkoch

Die Basilikumpaste ist der besondere Kniff dieser Terrinenzubereitung und dient als Geschmacksgeber und Bindung zugleich. Man kann zusätzlich noch einige Tropfen Knoblauchöl zur Basilikumpaste geben, das erhöht den Geschmacksgenuß. Wichtig: Das Beschweren der Terrine. Am besten mit einem Brettchen in passender Größe als Unterlage (Holzbrettchen, in Folie gewickelte feste Pappe oder eine zweite Form) und einem schweren Gewicht (z. B. Konservendosen). Dadurch wird die Paste in alle Zwischenräume der Terrine gedrückt, und es entsteht bei guter Kühlung eine feste Bindung.

Bei Tisch

Eine ideale, leichte Vorspeise. Im Sommer auch als kleiner Imbiß geeignet. Dazu serviert man Viertel oder Streifen von abgezogenen, entkernten Tomaten, die mit grobem Meersalz (aromatischer als einfaches Salz) gewürzt werden. Weinempfehlung: Ideal paßt dazu ein trockener Riesling-Sekt oder Champagner.

Wenn etwas übrigbleibt

AUFBEWAHREN

Kühlschrank: Ein bis zwei Tage. Dazu wieder in Frischhaltefolie einschlagen. Als Zwischengericht oder mit frischem Blattsalat servieren.

SELLERIESALAT

1. Restliche Selleriestangen in Scheiben schneiden und mit zwei gewürfelten Schalotten und 150 g zerpflückter Räuchermakrele mischen.
2. 2 EL Kräuteressig mit Salz, Pfeffer und 4 EL Öl zu einem Dressing verrühren.
3. Darübergeben und mit hartgekochten Eiern (Scheiben oder Achtel) anrichten.

Lachstatar

EINKAUF

150 g Lachsfilet

Lachs (Salm) zählt mit seinem kräftig orange- bis hellroten, relativ fetten, aber grätenarmen Fleisch zu den edelsten Fischen. Für dieses Rezept wird das schiere Filet ohne Mittelgräte und Haut benötigt. Wie beim Fleischtatar wird der Lachs roh verarbeitet und gegessen. Der Fisch muß deshalb frisch sein. Dunkelbraune Fettschicht entfernen lassen.

Dill

Schnittlauch

Glatte Petersilie

Glatte Petersilie hat ein kräftigeres Aroma als die krause.

Schalotte

1 Zitrone

Alternative: Die zitronenähnliche Limette mit grüner Schale und kernlosem, sehr saftigem Fruchtfleisch.

Senfkörner

Die gelblichbraunen Senfkörner enthalten viel Eiweiß. Getrocknet erhältlich.

Schwarzbrot

ZUTATEN

Für 2 Personen

150 g Lachsfilet
1 Zweig Dill
5 Stengel Schnittlauch
2 Stiele glatte Petersilie
1 Schalotte (25 g)
½ TL Senfkörner
1 Zitrone
1 TL Öl
2 Scheiben Schwarzbrot (ca. 60 g)
Salz, Pfeffer

Garniervorschlag:
Dill, Schnittlauch, Petersilie, einige Senfkörner, Limetten- oder Zitronenscheiben.

GERÄTE

Rührschüssel
Mörser oder Schöpfkelle
Pinzette
Zitronenpresse

ZEIT

Vorbereitung:
ca. 5 Minuten

Zubereitung:
ca. 15 Minuten

NÄHRWERT

pro Person

Kalorien (kcal):	270
Joule (kJ):	1130
Eiweiß (g):	17
Fett (g):	13
Kohlenhydrate (g):	16

VORBEREITUNG

Kräuter waschen und mit Küchenpapier trockentupfen. Senfkörner in einem Mörser zerdrükken oder auf ein Brettchen legen und mit einer Schöpfkelle darüberwalzen.
Arbeitsablauf: Für ein Menü Lachs vorbereiten und mit Folie abgedeckt kühl stellen. Erst kurz vor dem Servieren würzen und abschmecken.

ZUBEREITUNG LACHSTATAR

1. Mit einer Pinzette eventuell vorhandene Gräten aus dem Filet ziehen.

2. Lachsfilet in dünne Scheiben schneiden.

3. Die Scheiben in dünne Streifen schneiden.

4. Lachsstreifen sehr fein würfeln (hacken).

5. In einer Schüssel mit Salz und zerdrückten Senfkörnern mischen.

6. Je 1 TL Öl und Zitronensaft zugeben.

7. Dill, Schnittlauch und glatte Petersilie fein schneiden.

8. Schalotte fein würfeln (hacken).

9. Kräuter und Schalotte mit dem Lachs vermischen, abschmecken.

Tips vom Meisterkoch

Als Garnierung für das sehr feine und delikate Lachstatar eignen sich auch gezupfte Blättchen von Senfsprossen. Die kann man sehr einfach selbst ziehen: Etwas Watte mit Wasser tränken und auf einen Teller legen. Senfkörner darüberstreuen und den Teller an einen warmen Ort oder auf die Fensterbank stellen. Nach ein bis zwei Tagen beginnen die Senfkörner zu keimen.
Besonders fein wird dieses Gericht, wenn man dazu frisch gekochte, halbierte Wachteleier reicht. Sie werden wie Hühnereier am stumpfen Ende angepiekt und 2 Minuten 20 Sekunden gekocht.

Bei Tisch

Das Lachstatar serviert man als kalte Vorspeise, als leichten Imbiß oder als kleines Abendessen. Außer Schwarzbrotecken, die übrigens auch getoastet ausgezeichnet schmecken, passen auch knusprig aufgebackene Baguette, Vollkorntoast oder Brötchen dazu.
Weinempfehlung: Ein gut gekühlter Blanc de Blancs (sprich: blañdeblañ) oder ein trockener Weißburgunder. Ganz ausgezeichnet schmeckt auch ein Grüner Veltliner.

Mousse von Räucherforelle

EINKAUF

4 Räucherforellenfilets

Möglichst frisch geräucherte Filets ohne Mittelgräte und Kopf.

250 g Fischgräten

Fischgräten werden für den Fischfond dieses Rezeptes benötigt. Im Fischgeschäft nach Gräten (keine Haut und Köpfe) von frischem Lachs, Steinbutt, Seezunge, Seelachs und Rotbarsch fragen. Gibt's vielleicht umsonst!

1 kleine Stange Lauch

1 mittelgroße Möhre

Petersilie

Ersatzweise 1 Bund Suppengemüse nehmen.

Lorbeerblatt

Estragon

Als Bund oder in kleinen Töpfen im Handel. Dieses Küchenkraut paßt wie Dill sehr gut zu Fischgerichten.

Dill

1 Zitrone

Weiße Blattgelatine

¼ l süße Sahne

Weißwein (trocken)

Für den Fischfond und zum Abschmecken kann man sehr gut Weinreste verwerten.

ZUTATEN

Für 8—10 Personen

Fischfond

250 g Fischgräten
¼ l Wasser
¼ l Weißwein
1 Stange Lauch (125 g)
1 Möhre (100 g)
3 Stiele Petersilie
½ Lorbeerblatt
2 Zweige Estragon

Mousse

500 g Forellenfilets
25 g Butter
25 g Mehl
⅓ l Fischfond
5 Blatt weiße Gelatine
2 EL trockener Weißwein
1 Zitrone
¼ l süße Sahne
1 Bund Dill
Salz

Garniervorschlag:
Kleine, halbierte Kirschtomaten (kirschgroße, süßlich-aromatische Tomatensorte) oder leicht gesalzene Tomatenviertel, in Scheiben geschnittene, mit Zitronensaft und Schnittlauch marinierte Champignons und Dill

GERÄTE

Handrührgerät mit Rührbesen und Pürierstab
2 Kochtöpfe
Litermaß
Rührschüssel
Sieb
Zitronenpresse
Runde oder eckige Terrinenform mit 1,2 l Inhalt

ZEIT

Vorbereitung:
ca. 30 Minuten

Zubereitung:
ca. 6 Stunden 20 Minuten, davon 6 Stunden reine Kühlzeit

NÄHRWERT

pro Person

Kalorien (kcal):	270
Joule (kJ):	1130
Eiweiß (g):	13
Fett (g):	19
Kohlenhydrate (g):	4

VORBEREITUNG

Wegen der langen Kühlzeit die Mousse am besten am Vortag zubereiten und über Nacht im Kühlschrank fest werden lassen.

1. Fischfond zubereiten: Fischgräten mit je ¼ l Weißwein und Wasser aufkochen, dabei aufsteigenden Schaum abschöpfen. Lauch, gewürfelte Möhre, Lorbeer und Kräuter zugeben. 20 Minuten köcheln lassen. Fond durch ein Sieb in einen Topf gießen, Reste wegwerfen. Fond etwas einkochen, ⅓ l abmessen.
2. Gelatine in kaltem Wasser einweichen.
3. Dill fein schneiden, einige Zweige zum Auslegen der Form beiseite legen.
4. Kalte Sahne in einer vorgekühlten Schüssel steif schlagen und kühl stellen.

ZUBEREITUNG MOUSSE VON RÄUCHERFORELLE

1. Filetteile mit haarfeinen Gräten unter der Rückenflosse ablösen.

2. Restliche Filetteile von der Haut lösen. Fleisch zerzupfen.

3. Filetteile mit den Gräten sehr fein pürieren.

4. Püree durch ein feines Sieb streichen (Gräten bleiben hängen).

5. 25 g Butter bei mittlerer Hitze im Topf zerlassen, 25 g Mehl zugeben.

6. Unter ständigem Rühren ⅓ l Fischfond angießen, kurz durchkochen.

7. Topf von der Kochplatte nehmen. Ausgedrückte Gelatine darin auflösen.

8. Sauce zum Forellenfleisch und -püree geben.

9. Mit wenig Salz, 2 EL Wein und etwas Zitronensaft vorsichtig würzen.

10. Steifgeschlagene Sahne und feingeschnittenen Dill unter die abgekühlte Masse heben.

11. Terrinenform mit einigen Dillzweigen auslegen. Mousse einfüllen, 6 Stunden kühlstellen.

12. Rand mit einem Messer lösen, Formboden 5 Sekunden in heißes Wasser tauchen. Stürzen.

Tips vom Meisterkoch

Diese zarte und leichte Mousse kann besonders raffiniert mit einer Messerspitze Salbei- und Korianderpulver (getrocknet in Feinkostgeschäften erhältlich) abgeschmeckt werden. Getrocknete Salbeiblätter mit einem Messerrücken sehr fein zerreiben.

Bei Tisch

Mousse (sprich: muhß) von Räucherforelle ist eine kalte Vorspeise und ganz hervorragend für ein größeres Menü geeignet. Sie läßt sich gut vorbereiten, wird vor dem Servieren nur gestürzt und wie eine Torte aufgeschnitten. Natürlich kann man sie auch in einer länglichen Kastenform zubereiten und nach dem Stürzen in Scheiben schneiden. Damit nicht so viele Reste am Messer hängenbleiben, hält man es für kurze Zeit in heißes Wasser. Dann gleitet die Messerklinge ganz leicht durch die Mousse. Weinempfehlung: Ein Rotwein, z. B. ein Beaujolais Primeur (sprich: boscholä primör) oder ein Spätburgunder.

Wenn etwas übrigbleibt

Die übrige Mousse hält sich, in Frischhaltefolie eingeschlagen, im Kühlschrank zwei bis drei Tage frisch. Verwendungsvorschlag: Mousse in kleine Portionsstücke schneiden und mit verschiedenen Salaten oder Gemüsen als kleinen Imbiß servieren. Gut schmeckt sie auch auf gebutterten Schwarzbrotscheiben zum Abendessen.

Carpaccio von Rinderfilet

EINKAUF

100 g Rinderfilet

Beste Wahl: Stumpfrotes, gut abgehangenes, leicht marmoriertes (von feinen Fettadern durchzogenes) Filet. Ein Stück aus der Mitte verlangen, damit die Scheiben gleichmäßig groß geschnitten werden können.

4 Büschel Feldsalat

Feldsalat (auch Nüßli-, Ackersalat oder Rapunzel) gibt's als kleine Büschel mit dunkelgrünen Blättchen zu kaufen.

Walnußkerne

Entweder ganze Nüsse aus der frischen Ernte. Oder vakuumverpackte Kerne, die nicht ranzig werden können.

Olivenöl

Grüner Pfeffer

Gibt es in Salzlake oder Essiglösung eingelegt in Gläsern oder Dosen zu kaufen.

ZUTATEN

Für 2 Personen

100 g Rinderfilet
2 EL Olivenöl
1 TL eingelegter grüner Pfeffer
4 Büschel Feldsalat
2 Walnußkerne (10 g)
Salz

GERÄTE

Gefriergerät
Frischhaltefolie
Gefrierbeutel oder Gefrierfolienschlauch
Schälchen
großes breites Messer oder glatter Holzklopfer
Küchenpinsel

ZEIT

Vorbereitung:
ca. 5 Minuten

Zubereitung:
ca. 1¼ Stunden, davon 1 Stunde Gefrierzeit

NÄHRWERT

pro Person

Kalorien (kcal):	190	
Joule (kJ):	800	
Eiweiß (g):	10	□
Fett (g):	15	◧
Kohlenhydrate (g):	1	□

VORBEREITUNG

Ein ausreichend großes Stück Frischhaltefolie bereitlegen. Das Rinderfilet wird in Folie eingewickelt und eingefroren. So behält es seine Form und läßt sich dann einfacher in sehr dünne Scheiben schneiden. Am besten geht das mit einem elektrischen Allesschneider (Aufschnittmaschine). Darauf achten, daß die Schneidscheibe glatt und nicht gezackt ist, sonst wird das Fleisch zerfetzt.
Arbeitsablauf: Für ein größeres Menü das Filet schon am Vortag anfrieren, in Scheiben schneiden und die Scheiben zwischen zwei Blätter Gefrierfolie legen.
Im Kühlschrank aufbewahren.

ZUBEREITUNG CARPACCIO

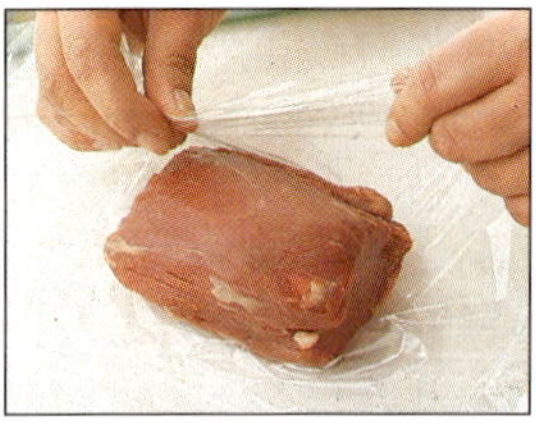

1. Mit Küchenpapier trokkengetupftes Filet in Frischhaltefolie rollen.

2. An den Enden fest zudrehen, damit das Filet in Form bleibt.

3. Etwa 1 Stunde in das Gefriergerät legen, zwischendurch wenden.

4. Angefrorenes Filet in sehr dünne Scheiben schneiden.

5. Die einzelnen Scheiben zwischen zwei Blätter Gefrierfolie legen.

6. Mit einem großen, breiten Messer hauchdünn klopfen (plattieren).

7. 2 EL Öl, 1 Prise Salz und 1 TL grünen Pfeffer verrühren.

8. Etwas davon auf angewärmte Teller streichen.

9. Fleischscheiben vorsichtig darauflegen und ebenfalls bepinseln.

10. Verlesenen, gewaschenen Salat auf einem Tuch abtropfen lassen.

11. Zwei Walnußkerne grob hacken.

12. Fleisch mit dem Feldsalat garnieren. Mit den Walnüssen bestreuen.

Tips vom Meisterkoch

Das Dressing kann man auch mit einer halben kleingehackten Schalotte, einem Teelöffel Dijon-Senf (extrascharf) und frisch gehackten Kräutern (z. B. Kerbel, glatte Petersilie und Schnittlauch) zubereiten. Dann wird es noch pikant-würziger. Carpaccio läßt sich auch mit rohem Lachsfilet oder Steinbuttfilet zubereiten. Dazu paßt ein Dressing aus wenig Limetten- oder Zitronensaft, Olivenöl und kleingeschnittenen Oliven. Eine raffinierte Variante ist das Einlegen eines Rinder- oder Lammfilets für etwa zwei Tage in einer würzigen Ölmarinade (siehe nachfolgendes Rezept). Allerdings lohnt sich der Aufwand nur für eine größere Menge Fleisch (etwa für acht bis zehn Personen).

1. Je ¼ l Oliven- und Pflanzenöl mischen, einen frischen Zweig Thymian und Rosmarin sowie ein Lorbeerblatt zugeben.

2. Eine geviertelte Schalotte, eine mit Schale zerdrückte Knoblauchzehe und je einen Teelöffel zerdrückten schwarzen Pfeffer und Piment (Körner) untermischen. Fleisch in die Marinade legen.

3. Zwei Tage lang zugedeckt im Kühlschrank durchziehen lassen. Zwischendurch öfter wenden. Weitere Zubereitung wie auf der linken Seite beschrieben.

Bei Tisch

Carpaccio (sprich: karpattscho) ist rohes, in hauchdünne Scheiben geschnittenes Fleisch, das mit einer leicht oder sehr pikant gewürzten Sauce serviert wird. In der Neuen Küche erfreut es sich großer Beliebtheit. Nicht zuletzt deshalb, weil das papierdünne Fleisch so erfrischend und leicht ist. Die Zubereitung erfolgt praktisch im Handumdrehen, was bei einem größeren Menü immer von Vorteil ist. Weinempfehlung: Ein frischer, leichter deutscher Spätburgunder vom letzten Jahrgang.

Wenn etwas übrigbleibt

Rohes Rinderfilet, in Gefrierfolie eingeschlagen, ist im Gefriergerät etwa sechs Monate lagerfähig. Tip für mariniertes Filet:
In dünne Scheiben geschnitten flach zwischen Gefrierfolienblätter legen und einfrieren. Lagerung etwa zwei bis drei Monate.
10–15 Minuten vor dem Servieren antauen lassen und flachklopfen.

Tagliatelle mit Olivenmus

EINKAUF

3 Eier

Mehl

Universalhaushaltsmehl: Weizenmehl Type 405. Es ist die hellste unter den Mehlsorten.

200 g schwarze Oliven

Schwarze Oliven gibt es in Gläser eingelegt oder auch lose in Delikatessenläden. Das Fruchtfleisch der Oliven ist sehr fetthaltig.

Olivenöl

Knoblauchöl

Knoblauchöl gibt es zwar fertig zu kaufen, es ist aber relativ teuer. Man kann es leicht selbst herstellen, indem man geschälte Knoblauchzehen in Olivenöl einlegt. Ersatzweise: 1 Msp Knoblauchpulver oder zerdrückte Knoblauchzehe.

Thymian

Rosmarin

Oregano

Alle drei Gewürzkräuter sind sowohl frisch als auch getrocknet erhältlich.

Tabasco

Sehr scharfe Pfeffersauce. Vorsichtig dosieren.

ZUTATEN

Für 4 Personen

Tagliatelle (Bandnudeln)

200 g Mehl
2 Eier
1 Eigelb
1 EL Öl
¼ TL Salz
3 EL Mehl zum Ausrollen
20 g Butter

Olivenmus

200 g schwarze Oliven
2 EL Olivenöl
2–3 Tropfen
Knoblauchöl
1 Msp Thymian
1 Msp Rosmarin
1 Msp Oregano
2 Spritzer Tabasco
Salz, Pfeffer

Garniervorschlag:
Einige schwarze Oliven, Peperoni (kleine, scharfe Paprikasorte) und frische Oreganoblätter

GERÄTE

Mixer oder Handrührgerät mit Pürierstab und Knethaken
Kochtopf
Rührschüssel
Sieb
Nudelholz

ZEIT

Vorbereitung:
ca. 5 Minuten

Zubereitung:
ca. 45 Minuten, davon 30 Minuten Ruhezeit für den Teig

NÄHRWERT

pro Person

Tagliatelle:	
Kalorien (kcal):	340
Joule (kJ):	1430
Eiweiß (g):	10
Fett (g):	12
Kohlenhydrate (g):	43
Olivenmus:	
Kalorien (kcal):	220
Joule (kJ):	920
Eiweiß (g):	+
Fett (g):	22
Kohlenhydrate (g):	+
Insgesamt:	
Kalorien (kcal):	560
Joule (kJ):	2350
Eiweiß (g):	10
Fett (g):	34
Kohlenhydrate (g):	43

VORBEREITUNG

Der Teig kann nach Phasenfoto 1–10 vorbereitet werden. Aufgerollten, geschnittenen Teig abrollen und, zum Beispiel, über eine saubere Stange hängen. Die Kochzeit verlängert sich bei getrocknetem Teig etwas. Deshalb nach einer Minute eine Garprobe machen. Tip: Wer eine Nudelmaschine hat, gibt den Teig zum Entspannen mehrmals durch die glatte Walze.
Das Olivenmus kann schon am Vortag zubereitet werden. Mit Frischhaltefolie abgedeckt kühl stellen.

ZUBEREITUNG TAGLIATELLE

1. 2 Eier, 1 Eigelb, ¼ TL Salz, 1 EL Öl und 3 EL Mehl verrühren.

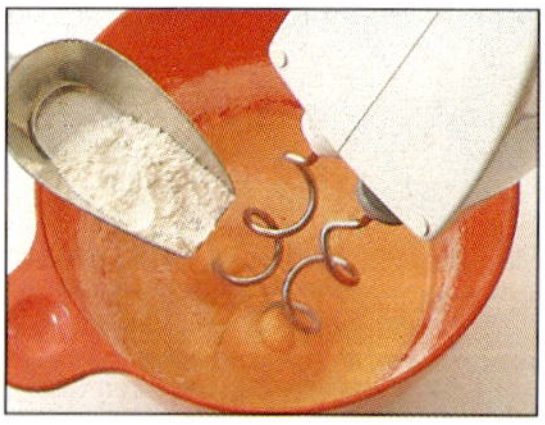

2. Den dünnen Teig mit dem restlichen Mehl verkneten.

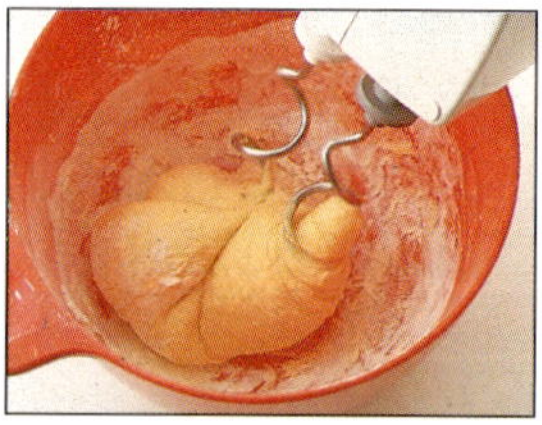

3. So lange kneten, bis ein glatter, glänzender Teig entstanden ist.

4. Teig aus der Rührschüssel nehmen, in Klarsichtfolie einwickeln.

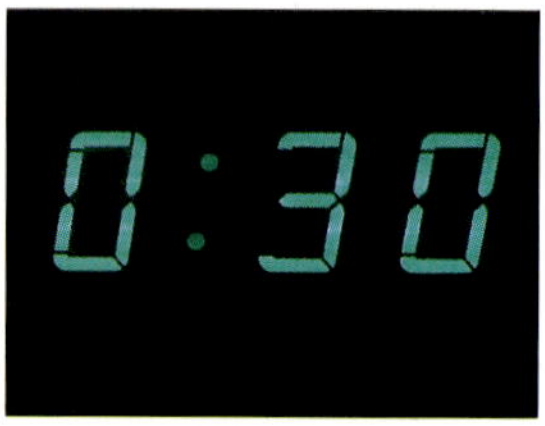

5. Den Teig etwa 30 Minuten ruhen lassen.

6. Durch mehrmaliges Ausrollen den Teig entspannen.

7. Wieder zusammenlegen und auf bemehlter Fläche erneut ausrollen.

8. Entspannten Teig sehr dünn zu einem Rechteck ausrollen.

9. Mit Mehl bestäuben und zu einer Rolle wikkeln.

10. Teigrolle in 3 mm dünne Scheiben schneiden. 2 l Wasser mit 1 TL Salz aufkochen.

11. Teigscheiben abrollen, über einen Kochlöffelstiel hängen, ins Kochwasser gleiten lassen.

12. Aufkochen, in ein Sieb schütten und kalt abbrausen. In 20 g Butter heißschwenken.

ZUBEREITUNG OLIVENMUS

1. 200 g schwarze Oliven waschen und entkernen. Mit 2 EL Olivenöl in einen Mixer geben und zu einem Brei pürieren.

2. 2–3 Tropfen Knoblauchöl, je 1 Msp Thymian, Rosmarin und Oregano dazugeben und untermischen.

3. Olivenmus mit einer Prise Salz, Pfeffer und zwei Spritzern Tabasco würzig abschmecken.

Tips vom Meisterkoch

Die Tagliatelle schmecken noch besser, wenn man sie in einem Teelöffel Butter und vier Eßlöffel Gemüsebrühe (siehe Gemüseschaumsuppe) heißschwenkt. Die Butter darf dabei nicht zu heiß werden, weil sie dann nicht bindet. Vom Olivenmus kann man mit einer Messerspitze gehackter Peperoni eine schärfere Version zubereiten.

Bei Tisch

Die in Butter heißgeschwenkten Tagliatelle (sprich: taljatelle) werden vor dem Servieren mit einer Prise Salz gewürzt. Olivenmus nach Geschmack daruntermischen. Tagliatelle mit Olivenmus reicht man als warme Vorspeise, als Zwischengericht oder als leichtes Hauptgericht. Das Olivenmus schmeckt natürlich auch zu anderen Nudeln. Und die selbstgemachten Nudeln sind eine ideale Beilage zu anderen Gerichten, die mit Saucen serviert werden. Weinempfehlung: Ein kräftiger, roter Italiener, z. B. ein Chianti Classico (sprich: kjanti klassiko) aus der Toskana.

Wenn etwas übrigbleibt

AUFBEWAHREN

Es empfielt sich, eine größere Menge Teig zuzubereiten. Den Nudelteig wie auf der linken Seite (Phasenfotos 1–10) zubereiten. Nudeln abwickeln und trocknen. In große Gläser (spezielle Nudelgläser) füllen und verschließen. Sie sind etwa einen Monat haltbar.

ROTE NUDELN

3 EL Rote-Bete-Saft (gibt es fertig zu kaufen) und 2 EL Mehl zusätzlich (Phasenfoto 1) mit untermischen.

GRÜNE NUDELN

50 g verlesene Spinatblätter 1 Minute in kochendem Salzwasser blanchieren. In kaltem Wasser abkühlen und mit der Hand gut ausdrücken. Dann pürieren und mit den Eiern (Phasenfoto 1) vermischen.

Birnen-Kartoffel-Gratin

EINKAUF

4 mittelgroße Kartoffeln

Eine festkochende oder vorwiegend festkochende Kartoffelsorte. In Plastikbeuteln verpackte Ware zu Hause aus dem Beutel nehmen, sonst verderben Kartoffeln rasch.

2 mittelgroße Birnen

Sorte: Feste, fast harte Williams Christbirnen. Alternative: Bürgermeister-Birnen. Inlandsernte: September/Oktober. Importe: Fast ganzjährig.

1 Zitrone

Knoblauch

1 Becher süße Sahne

1 Stück Parmesankäse

Beste Wahl: Frischer Parmesankäse. Tip: Ein größeres Stück kaufen. Parmesan hält sich in Pergamentpapier eingewickelt im Kühlschrank mehrere Wochen frisch.

ZUTATEN

Für 2 Personen

4 Kartoffeln (200 g)
2 Birnen (250 g)
0,1 l süße Sahne
½ TL Butter (5 g)
1 Knoblauchzehe
1 Zitrone
25 g Parmesankäse
Salz, weißer Pfeffer

GERÄTE

Backofen
2 Gratinformen (wie auf dem großen Foto links) oder eine flache feuerfeste Form
Litermaß
Sparschäler
feine Raspel
Küchenpinsel
Holzspießchen

ZEIT

Vorbereitung:
ca. 10 Minuten

Zubereitung:
ca. 35 Minuten, davon 20 Minuten reine Garzeit

NÄHRWERT

pro Person

Kalorien (kcal):	360
Joule (kJ):	1510
Eiweiß (g):	8
Fett (g):	21
Kohlenhydrate (g):	32

VORBEREITUNG

1. Kartoffeln schälen, waschen und bis zur Zubereitung mit kaltem Wasser bedecken, damit sie nicht grau werden.
2. Birnen gründlich waschen, wenn sie mit Schale verwendet werden; sonst kurz vor der Zubereitung schälen. Mit Zitronensaft beträufeln, damit das Fruchtfleisch nicht braun wird.
3. Parmesankäse raspeln (feine längliche Späne).
4. Gratinform mit der halbierten Knoblauchzehe ausreiben.

Tip: Kartoffeln kann man sehr gut mit einem Gurkenhobel in Scheiben schneiden. Für größere Mengen kann man auch ein Schnitzelwerk (Zubehör für Handrührgerät) mit Schneidscheibe benutzen.

ZUBEREITUNG BIRNEN-KARTOFFEL-GRATIN

1. Backofen auf 200 Grad vorheizen.

2. Gratinform ausbuttern, leicht salzen und pfeffern.

3. Birnen vierteln, entkernen und in dünne Scheiben schneiden.

4. Mit Zitronensaft beträufeln, damit sie nicht braun werden.

5. Kartoffeln in sehr dünne Scheiben schneiden, trockentupfen.

6. Kartoffel- und Birnenscheiben dachziegelartig in die Form schichten.

7. 0,1 l Sahne gleichmäßig darübergießen.

8. Geraspelten Parmesankäse darüberstreuen.

9. Form auf die Kochplatte stellen und die Sahne einmal kurz aufkochen.

10. Form auf den Boden des vorgeheizten Backofens stellen.

11. Nach etwa 20 Minuten mit einem Holzspießchen die Garprobe machen.

12. Es soll ohne Widerstand in die Kartoffelscheiben gleiten.

Tips vom Meisterkoch

Dieses Gratin ist eine ideale Beilage zu rosa gebratener Kalbsleber. Auf die gleiche Weise läßt sich auch ein Apfel-Kartoffel-Gratin zubereiten. Eine interessante Variante ist ein reines Birnengratin, das man sehr gut als Dessert servieren kann, siehe auch Rezept Orangengratin.

Bei Tisch

Das Birnen-Kartoffel-Gratin (sprich: gratäñ) kann als warme Vorspeise, leichtes Hauptgericht oder als Beilage eines Fleischgerichtes serviert werden.
Für größere Mengen eine große, flache, feuerfeste Form nehmen. Für sehr große Mengen, zum Beispiel bei einer Party, ist die Fettfangschale (tiefes Backblech) ein ideales Behältnis.

Wenn etwas übrigbleibt

Das Birnen-Kartoffel-Gratin bekommt während der Zubereitung eine cremige Beschaffenheit. Das Aufwärmen empfiehlt sich nicht, weil das Fett sich dadurch verdichten und die Sahne gerinnen würde.

Gedämpfte Gemüse mit Kräuterbutter

EINKAUF

250 g Spargel

Beste Wahl: Der intensiv-würzige grüne Spargel. Ersatzweise weißen Spargel kaufen. Er muß allerdings ganz geschält werden. Damit ½ cm unterhalb des Kopfes beginnen.

1 mittelgroße Zucchini

Kaum Abfall, denn Zucchini müssen nicht geschält werden.

1 mittelgroße Petersilienwurzel

Ersatzweise eine halbe Sellerieknolle.

4 kleine weiße Rübchen

Weiße Rübchen (Teltower Rübchen; französisch: Navets) mit knackig-grünem Blattwerk kaufen. Das ist ein Zeichen von Frische. Kleine und mittelgroße Rüben sind saftiger und zarter als große. Keine Rübchen mit wurmstichigen Stellen nehmen!

Glatte Petersilie

Schnittlauch

1 Zitrone

Schalotte

Butter

ZUTATEN

Für 2 Personen

Gemüse

250 g Spargel

1 Zucchini (150 g)

1 Petersilienwurzel (100 g)

4 Teltower Rübchen (100 g)

Kräuterbutter

1 Bund Petersilie

1 Bund Schnittlauch

1 Zitrone

1 Schalotte

40 g Butter

Salz

Garniervorschlag:
Glatte Petersilie

GERÄTE

Schnellkochtopf mit Siebeinsatz
Kochtopf (klein)
Litermaß
Sparschäler
Schneebesen
Zitronenpresse

ZEIT

Vorbereitung:
ca. 10 Minuten

Zubereitung:
ca. 25 Minuten,
ohne Schnellkochtopf
ca. 30 Minuten

NÄHRWERT

pro Person

Gedämpfte Gemüse:

Kalorien (kcal):	80
Joule (kJ):	340
Eiweiß (g):	4
Fett (g):	+
Kohlenhydrate (g):	13

Kräuterbutter:

Kalorien (kcal):	180
Joule (kJ):	760
Eiweiß (g):	1
Fett (g):	17
Kohlenhydrate (g):	4

Insgesamt:

Kalorien (kcal):	260
Joule (kJ):	1100
Eiweiß (g):	5
Fett (g):	17
Kohlenhydrate (g):	17

VORBEREITUNG

Teltower Rübchen und Petersilienwurzel unter fließendem kalten Wasser sauberbürsten. Schalotte hacken.
Arbeitsablauf: Für ein großes Menü das Gemüse schälen und bis zur Zubereitung mit einem feuchten Tuch bedecken. Petersilienwurzeln werden leicht braun, wenn sie geschält sind. Das kann man verhindern, indem man sie mit Zitronensaft beträufelt. Kurz vor dem Servieren die Kräuter für die Kräuterbutter fein schneiden.

ZUBEREITUNG GEDÄMPFTE GEMÜSE (1–9)
ZUBEREITUNG KRÄUTERBUTTER (10–12)

1. Grünen Spargel am weißen Ende schälen, holzige Enden kappen.

2. Petersilienwurzel schälen, Stielansatz und Spitze abschneiden.

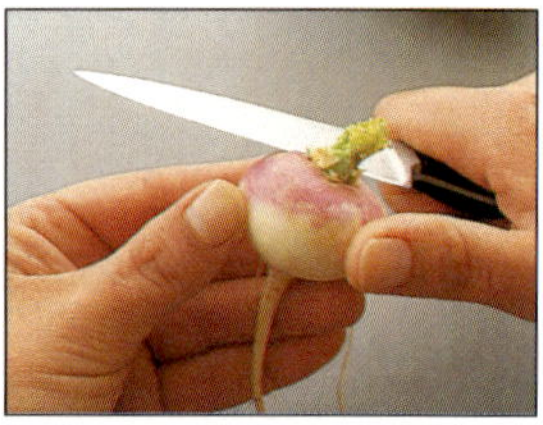

3. Teltower Rübchen vom Stielansatz befreien, evtl. Spitze abschneiden.

4. Zucchinienden kappen. Zucchini zerteilen und in Form schnitzen.

5. Gemüseschalen und -enden mit ⅛ l Wasser aufkochen.

6. Spargel in 5 cm lange Stücke, Petersilienwurzel in Scheiben schneiden.

7. Gemüse in den Siebeinsatz geben und in den Topf stellen.

8. Topf verschließen und Druck aufbauen. 1 Minute unter Druck garen.

9. Topf von der Kochplatte nehmen, sofort abdampfen und öffnen.

10. Kochplatte auf geringe Hitze schalten. 40 g Butter in einem kleinen Topf schmelzen.

11. Gehackte Schalotte und feingeschnittene Kräuter dazugeben.

12. Mit 1 Prise Salz und etwas Zitronensaft abschmecken und einmal kräftig durchschlagen.

Tips vom Meisterkoch

Auf das Salzen des Gemüses kann man bei dieser Zubereitungsweise völlig verzichten. Denn im Gemüse selbst sind genügend Mineralsalze enthalten. Durch das kurze und schonende Dämpfen kommt der Geschmack der einzelnen Gemüsesorten hervorragend zur Geltung. Die Flüssigkeit ergibt eine ausgezeichnete Gemüsebrühe, die man abseiht. Die ausgelaugten Schalen werden weggeworfen. Gemüsebrühe in Gefrierdosen füllen und einfrieren. So hat man immer eine gute Basis für andere Rezepte vorrätig (siehe z. B. Gemüseschaumsuppe).

Bei Tisch

Das gedämpfte Gemüse wird kurz vor dem Servieren ganz leicht mit der Kräuterbutter überzogen. Für zwei Personen ergibt es eine leichte Vorspeise, für eine Person sogar ein vegetarisches Hauptgericht. Gedämpftes Gemüse ist auch eine köstliche Beilage zu Filetsteak, Kalbsschnitzel, Rumpsteak oder Kalbsmedaillons. Weinempfehlung: Entre-deux-mers (sprich: añtre dömär. Ein weißer Bordeaux) oder ein Müller-Thurgau aus Franken.

Wenn etwas übrigbleibt

Das gedämpfte Gemüse höchstens einen Tag im Kühlschrank aufbewahren. Verwendungsvorschlag: Gemüsebrühe (siehe: Tips vom Meisterkoch) in einen kleinen Topf geben, leicht salzen und erhitzen. Übriges gedämpftes Gemüse in der Brühe erhitzen. Mit gehackter Petersilie und Schnittlauchröllchen bestreut servieren.

Austernpilze mit Kohlrabistreifen und Möhren

EINKAUF

1 Stück Speck

Beste Wahl: Eine magere, gut durchwachsene Sorte.

150 g Austernpilze

Fleischige Pilzsorte (Austernseitlinge, Kalbfleischpilze, Pleurotons) mit muschelförmigen Hüten. Hell- bis ockergelb oder grausilbrig. Erhältlich als Zuchtpilze (ganzjährig) oder als Waldpilze (Saison: Oktober bis ins zeitige Frühjahr). Geschmack mildaromatisch, an Kalbfleisch erinnernd. Wenig Abfall, müssen kaum geputzt werden. Beste Wahl: Kleine Pilze (Baby-Pleurotons); große können zäh sein.

1 große Möhre
1 kleiner Kohlrabi

Junger Kohlrabi mit knackig aussehenden Blättern ist am zartesten.

Schalotte
Schnittlauch
Estragon

Feinwürziges Küchenkraut. Als Bund oder in kleinen Töpfen erhältlich.

Weißwein (trocken)
Butter

ZUTATEN

Für 2 Personen

Gemüse

1 Möhre (150 g)
1 Kohlrabi (200 g)
1 TL Butter (10 g)
Salz

Austernpilze

150 g Austernpilze
1 Scheibe Speck (25 g)
1 Schalotte (25 g)
5 EL Weißwein
40 g Butter
6 Zweige Estragon
½ Bund Schnittlauch
Salz

Garniervorschlag:
Estragonblättchen

GERÄTE

Kochtopf
Pfanne
Schneebesen
Küchenpinsel
Sparschäler

ZEIT

Vorbereitung:
ca. 15 Minuten

Zubereitung:
ca. 15 Minuten

NÄHRWERT

pro Person

Gemüse:		
Kalorien (kcal):	80	
Joule (kJ):	340	
Eiweiß (g):	2	
Fett (g):	4	
Kohlenhydrate (g):	8	
Austernpilze:		
Kalorien (kcal):	270	
Joule (kJ):	1130	
Eiweiß (g):	3	
Fett (g):	24	
Kohlenhydrate: (g):	4	
Insgesamt:		
Kalorien (kcal):	350	
Joule (kJ):	1470	
Eiweiß (g):	5	□
Fett (g):	28	▮
Kohlenhydrate (g):	12	□

VORBEREITUNG

Gemüse:
Möhre und Kohlrabi schälen.

Austernpilze:
1. Speck und Schalotte sehr fein würfeln.
2. Butter in kleine Stücke (Flöckchen) teilen und bis zur Verwendung (Phasenfoto 10) in den Kühlschrank stellen.
3. Austernpilze sortieren. Anhaftende Schmutzreste mit einem Küchenpinsel entfernen. Pilze nicht waschen; sie saugen sich voll und werden wäßrig.
Arbeitsablauf: Gemüse zubereiten und im Topf warm stellen. Kräuter fein schneiden und dann die Austernpilze zubereiten.

ZUBEREITUNG KOHLRABI-MÖHREN-GEMÜSE (1 – 6)
ZUBEREITUNG AUSTERNPILZE (7 – 12)

1. Geschälten Kohlrabi in dünne Scheiben, dann in Streifen schneiden.

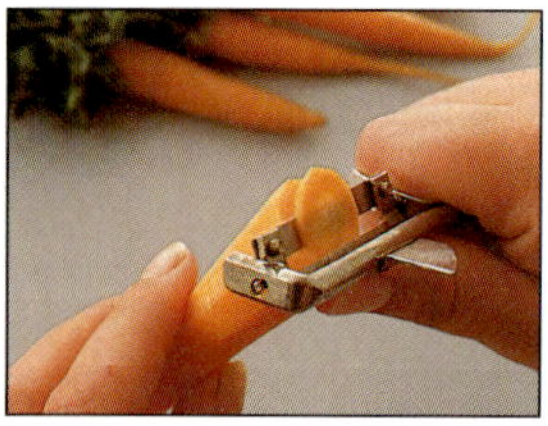

2. Möhren in sehr dünne Scheiben schneiden.

3. 1 TL Butter bei mittlerer Hitze in einem Topf schmelzen lassen.

4. Zerkleinertes Gemüse in den Topf schütten.

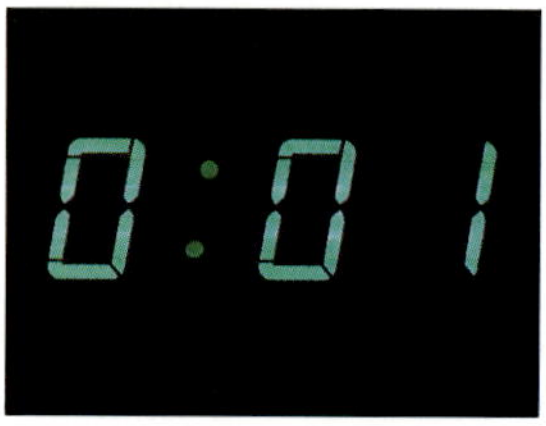

5. Zugedeckt 1 Minute unter Hin- und Herschütteln dünsten.

6. Gemüse leicht salzen und auf vorgewärmten Eßtellern anrichten.

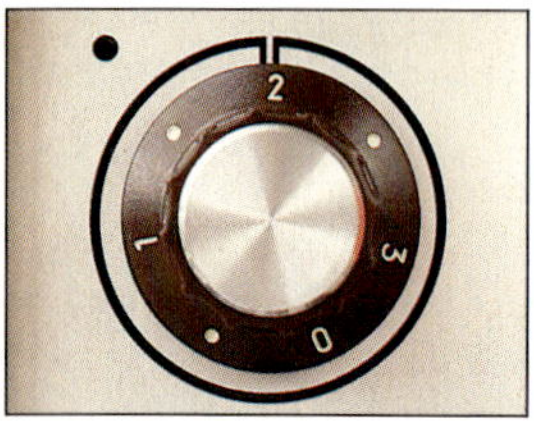

7. Kochplatte auf mittlere Hitze schalten.

8. Speckwürfel in einer Pfanne auslassen. Schalottenwürfel dazugeben.

9. Nach kurzem Andünsten mit 5 EL Weißwein ablöschen.

10. Mit Butter binden: Die Flöckchen nach und nach hineinschlagen.

11. Mit 1 Prise Salz würzen. Schnittlauch und Estragon dazugeben.

12. Pilze hineinschütten. Unter Schwenken 2 Minuten erhitzen.

Tips vom Meisterkoch

Die Austernpilze sind bei diesem Gericht in einem würzigen Sud gegart. Diesen kann man zusätzlich mit einigen Tropfen Zitronensaft abschmecken. Die leichte Bindung erhält der Sud durch die Zugabe kleiner, kalter Butterflöckchen. Wenn sie mit einem Schneebesen nach und nach untergeschlagen werden, löst sich die Butter langsam auf und verbindet sich gleichmäßig mit der heißen Flüssigkeit. Das kurze Erhitzen der Pilze im Sud bringt das Pilzaroma ausgezeichnet zur Geltung. Allerdings sollte man die Austernpilze nur darin schwenken. Würde man rühren, hätte man hinterher ein Pilzpüree, denn die zarten Pilze zerbrechen leicht. Ganz ausgezeichnet schmeckt dieses Gericht auch mit kleinen Pfifferlingen. Sie müssen aber etwas länger, etwa 3 Minuten, garen.

Bei Tisch

Die Austernpilze mit Kohlrabi-Möhren-Gemüse sind eine leichte und wohlschmeckende warme Vorspeise. Verdoppelt man das Rezept, erhält man ein komplettes vegetarisches Hauptgericht. Natürlich schmecken die Austernpilze auch ohne Gemüse, beispielsweise mit knusprig aufgebackener Baguette. Das Gemüse kann man sehr gut als Beilage zu Fisch- oder Fleischgerichten servieren. Unsere Weinempfehlung zu dieser Vorspeise: Ein Pfälzer Silvaner oder ein französischer Muscadet (sprich: müskadä) von der Loire. Beide haben eine feine, frische Säure.

Wenn etwas übrigbleibt

Austernpilze halten sich im Gemüsefach des Kühlschrankes zwar ein bis zwei Tage, allerdings geht ihr feines Aroma verloren. Verwendungsvorschlag: Einen Salat (siehe auch "Böhnchensalat mit Pilzen") zubereiten oder die kleingeschnittenen Pilze in etwas Kräuterbutter mit Knoblauch andünsten und einen Pfannkuchen damit füllen.

Jakobsmuscheln mit Weintrauben

EINKAUF

6 Jakobsmuscheln

Jakobsmuscheln sind eine Delikatesse. Allerdings gibt es sie nur sehr selten frisch. Vom Fischhändler aus den Schalen lösen lassen. Muscheln mit Corail (Rogen) verlangen. Tiefgefrorene Jakobsmuscheln (überwiegend im Handel) nach dem Einkauf zum Auftauen in ¼ l Vollmilch legen, damit sie ihre helle Farbe behalten.

1 Zitrone

Schalotte

100 g Weintrauben

Beste Sorte: Die seltenen, kleinen und kernlosen hellen Trauben (Sultana oder Thompson Seedless). Sie schmecken sehr süß und aromatisch. Alternative: Eine andere, nicht zu saure, helle Weintraubensorte. Hauptangebotszeit: Mitte August bis November.

Crème fraîche

Feinsäuerlicher, milder Sauerrahm mit einem Fettgehalt zwischen 30 und 40 Prozent.

Weißwein (trocken)

ZUTATEN

Für 2 Personen

6 Jakobsmuscheln (ca. 200 g)
40 g Butter
1 Schalotte (30 g)
1 Zitrone
6 EL Weißwein
2 EL Crème fraîche (40 g)
100 g Weintrauben
Salz

Garniervorschlag:
Etwas Zitronenmelisse (Würzkraut mit zitronenähnlichem Geschmack)

GERÄTE

Pfanne
2 Kochtöpfe (klein)
Sieb
Bratenwender

ZEIT

Vorbereitung:
ca. 5 Minuten

Zubereitung:
ca. 20 Minuten

NÄHRWERT

pro Person

Kalorien (kcal):	350	
Joule (kJ):	1470	
Eiweiß (g):	11	□
Fett (g):	24	◧
Kohlenhydrate(g):	15	□

VORBEREITUNG

Schalotte fein würfeln. Die Weintrauben von den Stielen zupfen, abziehen und entkernen (Phasenfotos 10 und 11), soweit Kerne vorhanden. Zugedeckt bis kurz vor dem Servieren kühl stellen.

ZUBEREITUNG JAKOBSMUSCHELN

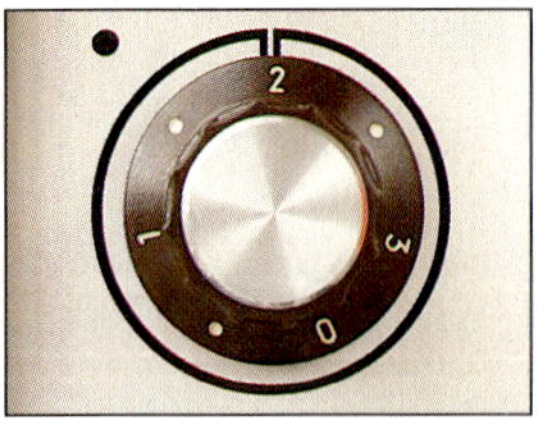

1. Kochplatte auf mittlere Hitze schalten. 1 EL Butter zerlassen.

2. Schalottenwürfel in der heißen Butter kurz andünsten, nicht bräunen!

3. 1 TL Zitronensaft und 4 EL Weißwein dazugießen.

4. Jakobsmuscheln darin von jeder Seite 1 Minute dünsten.

5. Jakobsmuscheln aus dem Sud heben.

6. 2 EL Crème fraîche unter die Dünstflüssigkeit rühren.

7. Jakobsmuscheln wieder zugeben. Zugedeckt 2 Minuten ziehen lassen.

8. Herausnehmen, auf vorgewärmte Teller plazieren. Sud leicht salzen.

9. Sud durch ein Sieb gießen, aufkochen, mit Weißwein abschmecken.

10. Haut sorgfältig von den Weintrauben abziehen.

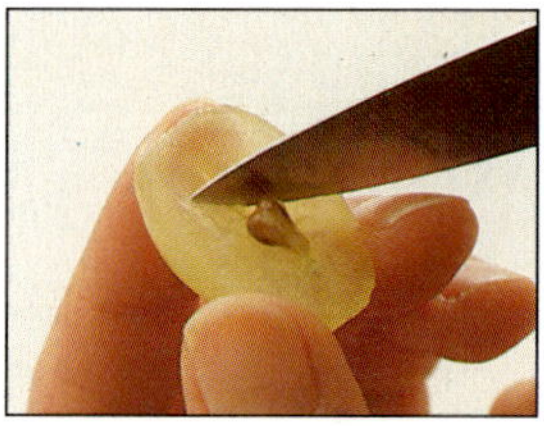

11. Weintrauben halbieren und die Kerne herauslösen.

12. In 1 EL heißer Butter hin- und herschwenken und erhitzen.

Tips vom Meisterkoch

Wichtig beim Zubereiten von Jakobsmuscheln ist die kurze Garzeit, sonst werden sie leicht trocken. Das hell- bis orangerote Corail (sprich: korai) gilt als ganz besonderer Genuß. Wer es nicht mag, kann das Corail vor der Zubereitung entfernen. Die Sauce schmeckt übrigens auch ganz hervorragend, wenn man anstelle des Weißweines die gleiche Menge trockenen Cidre verwendet. Cidre ist ein leicht perlender Apfelwein mit geringem Alkoholgehalt (fünf Prozent). Schön schaumig wird die Sauce, wenn man sie vor dem Anrichten noch einmal ganz kurz aufmixt.

Bei Tisch

Mit Jakobsmuscheln, in Frankreich unter dem Namen Coquilles Saint-Jacques (sprich: kokij ßäñ schack) bekannt, werden die edelsten warmen Vorspeisen zubereitet. Statt mit Weintrauben kann man sie auch mit zartem, jungem Gemüse, beispielsweise mit Kohlrabi und Möhren oder Zuckerschoten, servieren. Weinempfehlung: Ein spritziger Mosel-Riesling, möglichst Kabinett, oder ein Sancerre (sprich: ßañßär. Ein duftig-feinsäuerlicher Weißwein von der oberen Loire).

Wenn etwas übrigbleibt

Tiefgefrorene Jakobsmuscheln, die nicht benötigt werden, gleich nach dem Einkauf ins Gefriergerät legen. Bei späterer Verwendung ½ Stunde vor der Zubereitung in Vollmilch legen und darin auftauen lassen. Verwendungsvorschlag: Von jeder Seite 2 Minuten bei geringer Hitze in Butter braten und leicht salzen. Als Vorspeise lauwarm, beispielsweise zu einem "Spargelsalat mit gezupften Kräutern", servieren.

Kalbsbries mit Zuckerschoten

EINKAUF

175 g Kalbsbries

Kalbsbries (Milcher, Midder, Schweser) ist die eiweißreiche Wachstumsdrüse des jungen Rindes. Es muß ganz frisch sein. Am besten einige Tage vorher beim Metzger bestellen.

10–12 Zuckerschoten

Zuckerschoten (Zuckererbsen, Kaiserschoten) bestehen aus flachen Schoten ohne zähe Innenhaut. Man ißt sie als ganze Schote. Fast ganzjährig im Handel.

Petersilie

Beste Wahl: Petersilie mit glatten Blättern. Sie schmeckt intensiver.

Schnittlauch

Schalotte

Sherry-Essig

Hocharomatische, relativ milde Essigsorte. Läßt sich auch selbst herstellen (siehe Feldsalat mit Äpfeln und Geflügelleber). Variante: Ein guter Weinessig.

Honig

Sorte: Flüssiger Bienenhonig. Gibt's auch als kleine 20 g-Portion zu kaufen.

ZUTATEN

Für 2 Personen

Kalbsbries

175 g Kalbsbries
1 EL Butter (20 g)
4 Stiele Petersilie
6 Stengel Schnittlauch
½ Schalotte (15 g)
Salz, Pfeffer

Zuckerschoten

125 g Zuckerschoten
¼ TL Honig
1 EL Wasser
1 TL Sherry-Essig
2 EL Öl
Salz, Pfeffer

GERÄTE

Pfanne
Kochtopf
Rührschüssel
2 Schälchen
Bratenwender
Schaumkelle

ZEIT

Vorbereitung:
ca. 10 Minuten

Zubereitung:
ca. 6 Stunden 20 Minuten, davon 6 Stunden Zeit, um das Bries zu wässern

NÄHRWERT

pro Person

Kalbsbries:

Kalorien (kcal):	170
Joule (kJ):	710
Eiweiß (g):	15
Fett (g):	11
Kohlenhydrate (g):	1

Zuckerschoten:

Kalorien (kcal):	160
Joule (kJ):	670
Eiweiß (g):	1
Fett (g):	10
Kohlenhydrate (g):	10

Insgesamt:

Kalorien (kcal):	330
Joule (kJ):	1380
Eiweiß (g):	16
Fett (g):	21
Kohlenhydrate (g):	11

VORBEREITUNG

Kalbsbries:
Bries rechtzeitig abziehen und wässern (Phasenfotos 1–3). Das kann auch am Vortag geschehen. Über Nacht in reichlich kaltem Wasser in den Kühlschrank stellen. Kräuter fein schneiden, Schalotte hacken. Beides mischen und beiseite stellen.

Zuckerschoten:
Stielansatz der Zuckerschoten einschneiden und die Fäden entlang der Hülse abziehen. Arbeitsablauf: Kalbsbries bis zum Braten (Phasenfotos 1–9) vorbereiten. Während die Zuckerschoten garen, das Bries braten.

ZUBEREITUNG KALBSBRIES

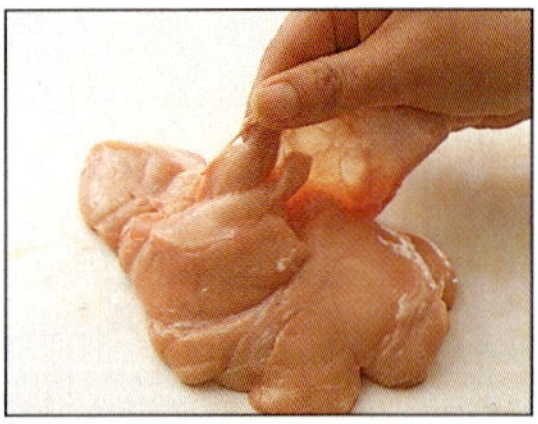

1. Dünne Häutchen und harte Stellen sorgfältig vom Bries entfernen.

2. Bries in kaltes Wasser legen, damit es schön weiß wird.

3. Mindestens 6 Stunden wässern. Das Wasser möglichst oft wechseln.

4. Wasser abgießen, Bries unter fließendem kalten Wasser abspülen.

5. In einen Topf mit kaltem Salzwasser legen und einmal aufkochen.

6. Von der Kochplatte nehmen und 2 Minuten ziehen lassen.

7. Bries herausheben, abtropfen lassen und in kaltem Wasser abkühlen.

8. Auf Küchenpapier gut abtropfen lassen.

9. Bries in kleine Stücke (Nüßchen) zerzupfen.

10. Bei mittlerer Hitze 1 EL Butter in einer Pfanne schmelzen. Briesstücke hineinlegen.

11. Von jeder Seite goldbraun braten, leicht salzen und pfeffern. Auf Küchenpapier legen.

12. Dadurch wird überschüssiges Fett aufgesaugt. Kräuter-Schalotten-Mischung darübergeben.

ZUBEREITUNG ZUCKERSCHOTEN

1. ½ TL Honig mit 1 EL heißem Wasser verrühren. 1 TL Sherry-Essig, 1 Prise Salz, Pfeffer und 2 EL Öl dazugeben.

2. 1 l Wasser mit ¼ TL Salz aufkochen. Zuckerschoten in das sprudelnd kochende Wasser schütten. 2 Minuten kochen lassen.

3. Erbsen in ein Sieb schütten, kalt abbrausen. Abgetropft anrichten. Dressing kräftig durchschlagen und darüberträufeln.

Tips vom Meisterkoch

Auch wenn das Abziehen der Häutchen vom rohen Bries etwas mühsam ist, sollte man dabei sehr sorgfältig arbeiten, sonst kann das Blut beim Wässern nicht herausgespült werden. Bei diesem Rezept bekommt das Bries durch die Kräuter-Schalotten-Mischung ein unvergleichlich köstliches Aroma.

Bei Tisch

Kalbsbries gehört zu den Lieblingsprodukten der Neuen Küche. Kalbsbries mit Zuckerschoten ist eine warme Vorspeise für zwei Personen. Eine Person kann davon satt werden. Die Kalbsbriesnüßchen kann man auch sehr gut lauwarm zu einem Salat servieren, z. B. zu "Böhnchensalat mit Pilzen". Zuckerschoten passen auch gut als Beilage zu Fischgerichten oder zu Kurzgebratenem. Weinempfehlung: Ein Gutedel aus Südbaden oder ein Schweizer Fendant (sprich: fañdān). Beide sind säurearme Weißweine.

Wenn etwas übrigbleibt

Da Kalbsbries zu den Innereien gehört, sollte es gleich nach dem Einkauf verwendet werden. Zum Einfrieren ist es nicht geeignet. Hat man eine größere Menge Zuckerschoten eingekauft, kann man diese zum Beispiel für einen Salat verwenden oder als Gemüsebeilage, in heißer Butter geschwenkt, servieren.

Geeiste Melonensuppe

EINKAUF

125 g Shrimps

Shrimps (Tiefseegarnelen) haben festes, wohlschmeckendes Fleisch, sind eiweißreich und fettarm. Für dieses Rezept Shrimps ohne Schalen kaufen. Gibt's auch tiefgefroren.

1 Zuckermelone

Zuckermelonen sind reif, wenn sie auf leichten Fingerdruck rund um Stiel- und Blütenansatz nachgeben.
Fast ganzjährig erhältlich: Galia- und Ogenmelonen mit aromatischem, erfrischenden, hellgrünen bis gelben Fruchtfleisch.

Schalotte

Feine, aromatische Gewürzzwiebelsorte.

Estragon

In kleinen Töpfen erhältlich. Ideal für den Kräutervorrat auf der Fensterbank.

Süße Sahne

Ersatzweise die feinsäuerliche, milde Crème fraîche nehmen. Sie hat allerdings einen höheren Fettgehalt (zwischen 30 und 40 Prozent).

Weißwein (trocken)

ZUTATEN

Für 2 Personen

125 g Shrimps
1 Schalotte
1 TL Butter (10 g)
0,1 l Weißwein
4 EL süße Sahne
1 Zweig Estragon
1 Melone (ca. 450 g)
Salz

Garniervorschlag:
Suppe in Melonenschalenhälften auf gestoßenem Eis servieren. Einige Shrimps und Melonenkugeln als Einlage in die Suppe geben. Mit frischen Minz- oder Estragonblättchen verzieren

GERÄTE

Gefriergerät
Handrührgerät mit Pürierstab oder Mixer
Kochtopf
Litermaß
2 Rührschüsseln
Sieb
evtl. Kugelausstecher

ZEIT

Vorbereitung:
ca. 5 Minuten

Zubereitung:
ca. 40 Minuten, davon 20 Minuten reine Kühlzeit im Gefriergerät

NÄHRWERT

pro Person

Kalorien (kcal):	230	
Joule (kJ):	960	
Eiweiß (g):	7	☐
Fett (g):	11	☐
Kohlenhydrate (g):	16	☐

VORBEREITUNG

Tiefgefrorene Shrimps aus der Packung schütten und auf einem Tablett oder einer großen Platte ausbreiten. Bei Raumtemperatur etwa ½ Stunde auftauen lassen. Schalotte fein würfeln.

Arbeitsablauf: Für ein größeres Menü kann die Suppe fertig zubereitet werden. Im Kühlschrank gut durchkühlen lassen und etwa 20 Minuten vor dem Servieren in das Gefriergerät stellen. Während der Gefrierzeit öfter umrühren, damit die Suppe nicht hartfriert.

ZUBEREITUNG MELONENSUPPE

1. Shrimps grob mit einem Messer hacken.

2. Schalottenwürfel bei mittlerer Hitze in 1 TL Butter andünsten.

3. 0,1 l Weißwein aufgießen und den Topf von der Kochplatte nehmen.

4. Gehackte Shrimps dazugeben, leicht salzen.

5. 4 EL Sahne zugießen und Estragonblättchen hineinstreuen.

6. Alles mit einem Pürierstab oder im Mixer fein pürieren, abkühlen lassen.

7. Melone halbieren, Kerne mit einem Eßlöffel herausschaben.

8. Vom Fruchtfleisch einige Kugeln abstechen.

9. Restliches Fruchtfleisch mit einem Eßlöffel herausschaben.

10. Fruchtfleisch der Melone mit einem Pürierstab oder im Mixer fein pürieren.

11. Mit der abgekühlten Garnelensuppe verrühren, leicht salzen.

12. Suppe durch ein Sieb gießen, Reste gut durchstreichen. 20 Minuten in das Gefriergerät stellen.

Tips vom Meisterkoch

Ganz besonders gut schmeckt diese Suppe, wenn man dafür die hocharomatischen Charentais-, Cavaillon- oder Kantalup-Melonen verwendet. Charentais-Melonen (sprich: scharañtä) verderben allerdings rasch, wenn sie erst einmal reif sind. Der Garnelengeschmack der Suppe wird noch ausgeprägter, wenn die Garnelen mit Schale gehackt und in wenig Öl mit der gehackten Schalotte angedünstet werden. Mit dem Weißwein zusätzlich einen Eßlöffel weißen Portwein zugeben. Alles mit Sahne, Estragon und Melonenpüree mixen und durch ein Sieb streichen. Zur Krönung des Geschmacks mit zwei bis drei Tropfen Anisschnaps (Pernod) abschmecken!

Bei Tisch

Es sieht sehr dekorativ aus, wenn die Melonensuppe in den ausgehöhlten Melonenschalen (wie auf dem großen Foto) angerichtet wird. Aber die Hauptsache ist, daß man diese Suppe eiskalt serviert. Entweder als kalte Vorspeise, im Sommer als erfrischenden Imbiß oder als leichtes Hauptgericht. Weinempfehlung: Ein deutscher Riesling-Sekt oder ein Champagner.

Wenn etwas übrigbleibt

Die restliche Melonensuppe kann sehr gut im Kühlschrank zwei bis drei Tage, mit Frischhaltefolie abgedeckt, aufbewahrt werden. Entweder kalt als kleine Erfrischung servieren, oder kleinere Mengen als pikantes Dressing über einen frischen, knackigen Salat (z. B. Eisbergsalat mit zerpflücktem Räucherfisch) geben. Ideal als sommerliche Mahlzeit mit knusprig aufgebackener Baguette.

Kerbelsuppe

EINKAUF

1 Bund Suppengemüse

Bestehend aus Möhre, Lauch und Sellerie. Wenn auch eine Petersilienwurzel dabei ist, wird die Suppe noch würziger. Sind die fertigen Bunde welk oder weich, lieber die Gemüse lose kaufen.

Schalotte

Zwiebel

Kerbel

Kerbel ist ein zartwürziges, leicht anisartig und süßlich-frisch schmekkendes Küchenkraut. Für dieses Rezept wird eine verhältnismäßig große Menge (50 g = je nach Dicke zwei bis drei Bund) benötigt.

Vollmilch

Ersatzweise kann man auch süße Sahne verwenden. Sie ist allerdings kalorienreicher.

ZUTATEN

Für 2 Personen

1 Bund Suppengemüse
1 Schalotte
1 Zwiebel
¼ l Wasser
2 EL Butter (30 g)
6 EL Vollmilch
50 g frischer Kerbel
Salz

Garniervorschlag:
Je einen Klecks Crème fraîche in die Suppe geben. Mit Kerbelblättchen garnieren

GERÄTE

Handrührgerät mit Pürierstab oder Mixer
Schnellkochtopf
Kochtopf (klein)
Litermaß
Sieb
Schneebesen

ZEIT

Vorbereitung:
ca. 10 Minuten

Zubereitung:
ca. 20 Minuten,
ohne Schnellkochtopf
ca. 30 Minuten

NÄHRWERT

pro Person

Kalorien (kcal):	200	
Joule (kJ):	840	
Eiweiß (g):	5	☐
Fett (g):	14	☐
Kohlenhydrate (g):	14	☐

VORBEREITUNG

1. Suppengemüse gründlich säubern. Dunkelgrüne Blätter und Wurzelansatz vom Lauch abschneiden. Sellerie und Möhre schälen. Alles kleinschneiden.
2. Schalotte und Zwiebel fein würfeln.
3. Kerbel waschen und in einem Handtuch trockenschleudern.
4. Butter in Flöckchen zerteilen und in den Kühlschrank stellen.

ZUBEREITUNG KERBELSUPPE

1. Kochplatte auf mittlere Hitze schalten.

2. Schalotten- und Zwiebelwürfel in 1 EL Butter andünsten, nicht bräunen.

3. Kleingeschnittenes Suppengemüse zugeben, 1 Minute mitdünsten.

4. ¼ l Wasser aufgießen und aufkochen. Mit einer Prise Salz würzen.

5. Topf verschließen und Druck aufbauen.

6. Bei geringer Hitze 9 Minuten auf der Schnellkochstufe garen.

7. Topf drucklos machen, öffnen und den gesäuberten Kerbel einstreuen.

8. Mit einem Pürierstab oder im Mixer sehr fein pürieren.

9. Suppe durch ein Sieb in einen kleinen Topf gießen.

10. Reste sorgfältig mit einem Löffel durchstreichen.

11. 6 EL Milch zugießen und die Suppe unter Rühren erhitzen.

12. Kalte Butterflöckchen nach und nach einrühren. Suppe abschmecken.

Tips vom Meisterkoch

Diese leichte, frische Suppe schmeckt noch kräftiger, wenn statt Wasser ⅛ l Milch und ⅛ l Gemüsebrühe (siehe "Gemüseschaumsuppe") verwendet werden. Das wichtigste bei der Zubereitung ist, daß der Kerbel nicht mitgekocht wird. Denn dabei gehen die Vitamine und das knackige Kräutergrün verloren. Zur geschmacklichen Abrundung die Suppe mit einem Eßlöffel Crème fraîche und etwas Weißwein abschmecken. Auf die gleiche Weise kann man viele andere Kräutersuppen zubereiten. Beispielsweise eine Kresse- oder Sauerampfersuppe. Mixt man die Suppe vor dem Servieren noch einmal kräftig auf, bekommt sie einen leicht schaumigen Charakter.

Bei Tisch

Die Kerbelsuppe eignet sich gut als Einstieg in ein großes Menü, denn Kerbel wirkt appetitanregend. Er gehört zu den feinen Kräutern der guten Küche, den "fines herbes" (sprich: fienārb) wie Sie in Frankreich genannt werden. Ganz ausgezeichnet schmeckt die Kerbelsuppe auch mit zarten Fischklößchen (z. B. "Hechtklößchen"). Dazu knusprige Knoblauchbaguette servieren.

Wenn etwas übrigbleibt

AUFBEWAHREN

Die frische Kerbelsuppe höchstens einen Tag im Kühlschrank aufbewahren. Tip: Rest in Gefrierdosen oder Eiswürfelschalen einfrieren. Möglichst bald verbrauchen. Gefrorene Kerbelsuppenwürfel zum Würzen von anderen Suppen (Gemüseschaumsuppe, Tomatensuppe) nehmen.

KERBELSAUCE

1. ⅛ l süße Sahne in einem kleinen Topf aufkochen. Bei geringer Hitze etwas einkochen lassen.
2. Übrige Kerbelsuppe (ca. 5 EL) dazugeben.
3. Mit frisch geriebenem Parmesankäse und einer Prise Salz würzen.

MILCHMIXGETRÄNK

1. 5 EL Kerbelsuppe mit ⅛ l Voll- oder Buttermilch in einem Mixer verquirlen.
2. Mit wenig Tabasco (scharfe Pfeffersauce), 1 Prise Salz und 2 EL Schnittlauchröllchen pikant abschmecken. Als erfrischende flüssige Zwischenmahlzeit servieren.

Gemüseschaumsuppe

EINKAUF

1 kleine Sellerieknolle

Wichtig beim Einkauf: Die Knolle darf keine faulen Stellen haben und muß sich rundum bei einer Druckprobe fest anfühlen. Auch an der Stelle, wo das Kraut abgeschnitten wurde.

1 große Möhre

1 Petersilienwurzel

1 kleine Stange Lauch

Lauch (Porree) gibt es das ganze Jahr frisch. Achten Sie darauf, daß die Lauchstange fest ist. Variante: Ein großes Bund Suppengemüse, in dem alle genannten Sorten enthalten sind.

Zwiebel

Schalotte

Kleine aromatische Gewürzzwiebelsorte, die besonders schnell gart.

1 Zitrone

1 Becher süße Sahne

Muskat

Beste Wahl: Ganze Muskatnuß. Frisch gerieben würzt sie intensiver als gekauftes Muskatpulver.

ZUTATEN

Für 2 Personen

1 Stück Sellerieknolle
(ca. 150 g)
1 Möhre (100 g)
1 Petersilienwurzel (75 g)
1 Stange Lauch (150 g)
1 Zwiebel (50 g)
1 TL Butter (10 g)
1 Schalotte (30 g)
¼ l Wasser
0,1 l süße Sahne
1 Zitrone
Salz, Muskat

Garniervorschlag:
Feine Streifen von Möhre, Sellerie und Lauch

GERÄTE

Handrührgerät mit Rührbesen und Pürierstab oder Mixer
Schnellkochtopf
Kochtopf (klein)
Litermaß
Rührschüssel
Sieb

ZEIT

Vorbereitung:
ca. 15 Minuten

Zubereitung:
ca. 20 Minuten,
ohne Schnellkochtopf
ca. 30 Minuten

NÄHRWERT

pro Person

Kalorien (kcal):	270
Joule (kJ):	1130
Eiweiß (g):	4
Fett (g):	20
Kohlenhydrate (g):	16

VORBEREITUNG

1. Gemüse säubern, Sellerie dabei gründlich bürsten. Sellerie und Möhre schälen.
Tip: Sellerie wird nicht braun, wenn er mit Zitronensaft beträufelt wird.
2. Dunkelgrüne Blätter und Wurzelansatz vom Lauch abschneiden. Schalen nicht wegwerfen; sie werden für die Gemüsebrühe benötigt.
3. Je ein Stück Sellerie, Möhre und Lauch in sehr feine Streifen schneiden. 1 Minute in leicht gesalzenem, sprudelnd kochendem Wasser blanchieren. In ein Sieb schütten, kalt abbrausen und beiseite stellen. Zum Schluß als Einlage in die Suppe geben.
4. Schalotte fein würfeln.
5. Sahne in einer vorgekühlten Schüssel steifschlagen und kühl stellen.

ZUBEREITUNG GEMÜSESCHAUMSUPPE

1. Gemüseschalen und ¼ l Wasser im Schnellkochtopf aufkochen.

2. Topf verschließen, Druck aufbauen und 5 Minuten garen.

3. Topf abdampfen, öffnen. Flüssigkeit durch ein Sieb schütten.

4. Gesäubertes, geschältes Gemüse grob zerkleinern.

5. Kochplatte auf mittlere Hitze schalten. Schnellkochtopf säubern.

6. Schalottenwürfel und Gemüse in 1 TL Butter andünsten.

7. ¼ l Gemüsebrühe aufgießen, leicht salzen und aufkochen.

8. Schnellkochtopf verschließen und Druck aufbauen.

9. Bei geringer Hitze 9 Minuten (Schnellkochstufe) garen. Topf abdampfen.

10. Topf öffnen, Inhalt pürieren. Mit 1 Msp Muskat und wenig Zitronensaft würzen.

11. Suppe durch ein Sieb in einen kleinen Topf gießen, Reste mit einem Löffel gut durchstreichen.

12. Suppe unter Rühren erhitzen. 4 EL geschlagene Sahne unterheben, evtl. durchmixen.

REZEPTVARIATION KARTOFFELSUPPE

1. Eine kleine Stange Lauch putzen, waschen und in Stücke schneiden. 200 g geschälte Kartoffeln würfeln. Beides in 1 EL Butter im Schnellkochtopf andünsten.

2. Mit je ⅛ l Gemüsebrühe und Weißwein ablöschen. 200 g geschälten Kürbis dazugeben und alles aufkochen.

3. Weitere Zubereitung wie auf der linken Seite unter den Punkten 8—10 beschrieben. Statt Muskat sechs kleine Majoranblättchen nehmen. 75 g Crème fraîche untermixen.

Tips vom Meisterkoch

Die leichte Gemüseschaumsuppe kann man zu jeder Jahreszeit zubereiten. Sehr fein wird die Suppe, wenn man statt ¼ l Gemüsebrühe nur die Hälfte und ⅛ l Vollmilch verwendet. Zum Schluß dann zwei Eßlöffel Crème fraîche untermixen und nur einen Eßlöffel geschlagene Sahne unterheben.

Bei Tisch

Diese intensiv nach Gemüse schmeckende Schaumsuppe sollte man vor dem Servieren noch einmal gut durchmixen, damit sie schön schaumig auf den Teller kommt. Anstelle der Gemüsestreifen oder zusätzlich können dünne Streifen von geräucherter Putenbrust als Einlage in die Suppe gegeben werden. Das macht sie etwas sättigender und damit zu einer leichten Hauptmahlzeit für eine Person.

Wenn etwas übrigbleibt

Kleinere Reste in Eiswürfelschalen einfrieren und die einzelnen Würfel zum Abschmecken oder Verfeinern von Bratensaucen verwenden.
Mit der Sellerieknolle, von der bestimmt etwas übrigbleibt, kann man eine gesunde Rohkost zubereiten. Das Rezept: Geschälten Sellerie fein raspeln und mit Zitronensaft beträufeln, damit die Späne nicht braun werden. Ein bis zwei geschälte, entkernte Äpfel grob raspeln und dazugeben. Aus einem Eßlöffel Essig, Salz, Pfeffer und zwei Eßlöffel Öl ein Dressing rühren. Eine feingewürfelte Schalotte dazugeben und das Dressing mit der Apfel-Sellerie-Mischung vermengen.

Suppentopf mit Gemüse und Rindfleisch

EINKAUF

250 g Suppenfleisch

Beste Wahl: Nicht zu fette, fleischige Hochrippe (Schmorrippe) vom Rind. Knochen vom Metzger lösen lassen, aber mitnehmen. Sie werden mitgekocht.

1 Bund Suppengemüse

Bestehend aus Möhre, Sellerie, Lauch und Petersilienwurzel.

Knoblauch
Thymian

Gibt's frisch als Bund oder in kleinen Töpfen.

2 mittelgroße Möhren
Staudensellerie

Staudensellerie (Stangen- oder Bleichsellerie) ist nur als ganze Staude erhältlich. Auf feste Stangen mit frisch aussehenden Blättern achten. Sind die Blätter entfernt, sollten die Schnittflächen nicht vertrocknet aussehen.

Grüne Bohnen

Grüne Bohnen sind nur kurz lagerfähig und welken rasch, deshalb bald nach dem Einkauf verarbeiten. Durch Importe ganzjährig erhältlich.

3 mittelgroße Kartoffeln
Glatte Petersilie
Lorbeerblatt

ZUTATEN

Für 2 Personen

250 g Suppenfleisch
1 Bund Suppengemüse
1 Knoblauchzehe
1 Lorbeerblatt
1 Zweig Thymian
½ l Wasser
2 Möhren (150 g)
100 g Staudensellerie
100 g grüne Bohnen
150 g Kartoffeln
1 Bund Petersilie
Salz

Garniervorschlag:
Zartgrüne Staudensellerieblättchen

GERÄTE

Schnellkochtopf mit Siebeinsatz
Kochtopf
Litermaß
Sieb
Schaumkelle
Küchengarn

ZEIT

Vorbereitung:
ca. 10 Minuten

Zubereitung:
ca. 20 Minuten, ohne Schnellkochtopf ca. 1 Stunde

NÄHRWERT

pro Person

Kalorien (kcal):	380
Joule (kJ):	1600
Eiweiß (g):	24
Fett (g):	17
Kohlenhydrate (g):	28

VORBEREITUNG

1. Suppengemüse (Sellerie, Möhre, Lauch und Petersilienwurzel) schälen. Dunkelgrüne Blätter und Wurzelansatz vom Lauch abschneiden.
2. Lauch längs einschneiden und den Sand zwischen den Blattschichten mit kaltem Wasser herausspülen. 1–2 Sellerieblätter zum Mitkochen dazulegen.
3. Geschälte Möhren in ½ cm dicke Scheiben schneiden.
4. Die Enden der Selleriestangen abschneiden, Fäden entlang der Stange abziehen. Selleriestangen in Scheiben schneiden.
5. Stielansatz und Spitzen von den gesäuberten Bohnen abschneiden. Bohnen in ca. 3 cm lange Stücke brechen.
6. Kartoffeln schälen, waschen und würfeln.

Arbeitsablauf: Zuerst das Fleisch aufsetzen. Während es gart, das Gemüse putzen und zerkleinern. In den Siebeinsatz des Schnellkochtopfes legen. Wenn das Gemüse gart, die Petersilie fein hacken.

ZUBEREITUNG SUPPENTOPF

1. Lorbeer, Thymian und Knoblauch in den Lauch hineindrücken.

2. Lauch und übriges Suppengemüse zusammenbinden.

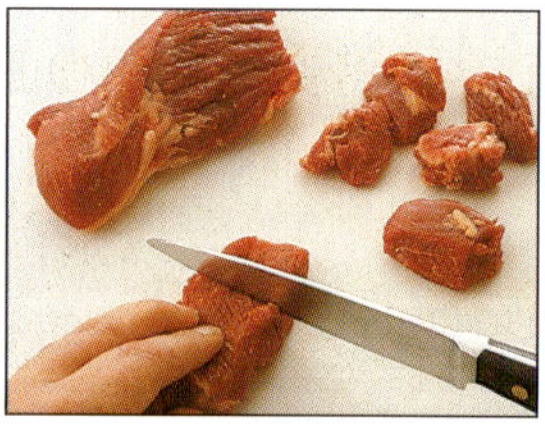

3. Suppenfleisch würfeln und in den Schnellkochtopf geben.

4. Knochen, Gemüsebund und ½ l Wasser in den Topf geben.

5. Bei starker Hitze aufkochen, dabei den Schaum abschöpfen.

6. Topf verschließen, Druck aufbauen. 15 Minuten garen.

7. Topf abdampfen, öffnen und den Siebeinsatz mit Gemüse einsetzen.

8. Topf wieder verschließen und erneut Druck aufbauen.

9. Nach 2 Minuten Topf abdampfen und öffnen. Siebeinsatz entnehmen.

10. Knochen und ausgelaugtes Gemüsegebinde aus der Brühe heben.

11. Brühe durch ein Sieb in einen Topf gießen. Mit 1 Prise Salz würzen.

12. Petersilie, Fleischwürfel und Gemüse in die Suppe geben. Erhitzen.

Tips vom Meisterkoch

Der Trick bei diesem Suppentopf mit Gemüse und Rindfleisch: Die kräftige Brühe wird zuerst nur mit dem Suppengemüse gekocht, das man danach wegwirft. Das Gemüse für die Suppeneinlage dagegen hat eine sehr kurze Garzeit, damit es nicht auslaugt. Es wird über der Brühe gedämpft und kommt zum Schluß in die servierfertige Suppe. Wenn die Brühe nicht trübe werden soll, kann man die Kartoffeln separat in wenig leicht gesalzenem Wasser garen. Ganz zum Schluß in die Suppe geben. Wer eine ganz klare Brühe bevorzugt, muß sie durch ein Tuch gießen (Phase 11).

Bei Tisch

Der Suppentopf mit Gemüse und Rindfleisch schmeckt am besten in der kühleren Jahreszeit. In der Tasse als Magenanwärmer vor dem Hauptgang. Oder im Teller als eintopfähnliches Gericht zum Sattessen. Weinempfehlung: Ein leichter, frischer Weißburgunder (z. B. aus Rheinhessen) oder ein Grüner Veltliner aus Österreich.

Wenn etwas übrigbleibt

AUFBEWAHREN

Kühlschrank: Ein bis zwei Tage.
Gefriergerät: Zwei bis drei Monate. Über Nacht im Kühlschrank auftauen lassen. Tip: Brühe, Fleisch und Gemüse separat einfrieren. Brühe bei geringer Hitze in einem Topf auftauen. Fleisch und Gemüse in der Brühe auftauen und erhitzen.

STAUDENSELLERIE-SUPPE

1. Eine gehackte Schalotte in 1 TL Butter andünsten, aber nicht bräunen!
2. Den geputzten, in Stücke geschnittenen Staudensellerie (250 g) dazuschütten und kurz mitdünsten.
3. ¼ l Wasser aufgießen und alles aufkochen.
4. Zugedeckt bei geringer Hitze 15 Minuten garen. Leicht salzen.
5. Mit einem Pürierstab oder im Mixer pürieren.
6. Zum Schluß mit 4 EL süßer Sahne oder 2 EL Crème fraîche abrunden. 2 EL gehackte Petersilie unterrühren.

Meeresfrüchte aus dem Wein-Kräuter-Dampf

EINKAUF

4 Riesengarnelen

Riesengarnelen (Prawns, Hummerkrabben) sind sehr eiweißreich und haben nussig schmekkendes festes Fleisch. Dieses Rezept erfordert ungekochte (graue) Riesengarnelen mit Schale.

2 Stück Kaisergranat

Kaisergranat (Scampi, Langostinos) ist eine kleine, dem Hummer ähnliche Krebsart mit sehr schlanken Scheren. Ungekocht mit Schale kaufen.

500 g Miesmuscheln

Immer erst am Tag der Zubereitung kaufen. Muscheln müssen einen frischen Seewassergeruch haben. Angebotszeit: September bis April (alle Monate mit einem „r").

250 g Fischfilet

Wahlweise Rotbarsch- oder Lengfischfilet.

1 Zitrone

Knoblauch

Schalotte

1 kleine Stange Lauch

Dill

Thymian

Estragon

Estragon gibt's wie Thymian in kleinen Töpfen. Ideal für den Kräutervorrat auf der Fensterbank.

Glatte Petersilie

Lorbeerblatt

Weißwein (trocken)

ZUTATEN

Für 2 Personen

4 Riesengarnelen
(ca. 200 g)
2 Stück Kaisergranat
(ca. 125 g)
500 g Miesmuscheln
250 g Fischfilet
1 Zitrone
1 Knoblauchzehe
1 Schalotte (30 g)
1 Stange Lauch (125 g)
½ Lorbeerblatt
1 Bund Dill
½ Bund Thymian
1 Töpfchen Estragon
1 Bund Petersilie
1 TL Butter (10 g)
¼ l Weißwein
6 weiße Pfefferkörner
Salz

Garniervorschlag:
Frische Kräuter, die auch für dieses Rezept verwendet werden

GERÄTE

Schnellkochtopf mit Siebeinsatz
Küchenbürste
Litermaß
Sieb

ZEIT

Vorbereitung:
ca. 10 Minuten

Zubereitung:
ca. 20 Minuten, ohne Schnellkochtopf ca. 30 Minuten

NÄHRWERT

pro Person

Kalorien (kcal):	380
Joule (kJ):	1600
Eiweiß (g):	39
Fett (g):	10
Kohlenhydrate (g):	7

VORBEREITUNG

1. Riesengarnelen hinter dem Kopf festhalten, Kopf mit der anderen Hand durch leichte Drehung entfernen, wegwerfen. Beim Kaisergranat den Kopf mit den Scheren genauso entfernen (siehe "Tips vom Meisterkoch").
2. Ungeschälte Knoblauchzehe mit einem Messerrücken zerdrücken.
3. Schalotte fein würfeln.
4. Dunkles Grün und Wurzelansatz vom Lauch abschneiden. Lauch waschen und in Streifen schneiden.
5. Dicke Kräuterstiele abschneiden und beiseite legen.

Arbeitsablauf: Muscheln während der Vorbereitung waschen und säubern. Übrigens: Nicht alle offenen Muscheln sind ungenießbar. Erst wenn sie sich nach leichtem Anklopfen nicht schließen, muß man sie wegwerfen. Muscheln, die sich nach dem Garen nicht geöffnet haben, wegwerfen. Sie sind auf jeden Fall ungenießbar.

ZUBEREITUNG MEERESFRÜCHTE

1. Riesengarnelen- und Kaisergranatschwänze längs halbieren.

2. Schwarzen, fadenähnlichen Darm entfernen. Hälften kalt abspülen.

3. Muscheln sauberbürsten und gut spülen. Muschelfäden entfernen.

4. Trockengetupftes Fischfilet grob würfeln, mit Zitronensaft säuern.

5. Siebeinsatz des Schnellkochtopfes mit den Kräutern auslegen.

6. Muscheln und übrige Meeresfrüchte in den Siebeinsatz legen.

7. Kochplatte auf mittlere Hitze schalten. Schalotte in 1 TL Butter andünsten.

8. Kräuterstiele, Knoblauch, Pfeffer, Lauch und ¼ l Weißwein aufkochen.

9. Siebeinsatz in den Schnellkochtopf stellen, Topf verschließen.

10. Druck aufbauen und zwei bis drei Minuten bei geringer Hitze garen.

11. Topf drucklos machen (abdampfen), öffnen, und den Siebeinsatz herausnehmen.

12. Sud durch ein Sieb in einen kleinen Topf gießen, leicht salzen.

Tips vom Meisterkoch

Riesengarnelen und Kaisergranat werden für dieses Rezept halbiert, weil sie sonst eine doppelt so lange Garzeit hätten wie die übrigen Meeresfrüchte. Das Scherenfleisch des Kaisergranats ist ebenfalls eßbar, jedoch lohnt sich das Auspuhlen nur bei größeren Exemplaren. Die kleinen, extrem dünnen Scheren können auch für einen Fischfond verwendet werden (etwas anschlagen). Der Sud der Meeresfrüchte ergibt eine ausgezeichnete Sauce. Dazu ein Eigelb mit vier Eßlöffel süßer Sahne verquirlen und den Sud damit sämig binden. Wenn man größere Mengen zubereitet, ist es besser, die Muscheln separat zu garen. Dafür eine gewürfelte Zwiebel und eine Knoblauchzehe sowie ein Bund kleingeschnittenes Suppengemüse in wenig Butter andünsten. ½ l Weißwein aufgießen und aufkochen. Muscheln zugeben und zugedeckt 5 – 8 Minuten garen. Die Muscheln sind gar, wenn sie sich geöffnet haben. Sehr gut geeignet für dieses Rezept sind auch Venus- oder Herzmuscheln und Tintenfisch.

Bei Tisch

Zu den Meeresfrüchten aus dem Wein-Kräuter-Dampf schmeckt knusprig aufgebackene Baguette besonders gut. Man kann dieses Gericht als Vorspeise sowie als Zwischen- oder Hauptgericht servieren. Gabeln zum Lösen des Fleisches aus den Schalen und Löffel für den schmackhaften Sud mitdecken. Separate Teller für die leeren Meeresfrüchteschalen nicht vergessen. Schälchen mit warmem Zitronenwasser zum Säubern der Finger auf den Tisch stellen. Weinempfehlung: Ein säuerlicher Weißwein, z. B. Chablis (sprich: schabli) oder ein Chardonnay (sprich: schardonnä) aus Norditalien (Friaul, Südtirol).

Wenn etwas übrigbleibt

Die gedämpften Meeresfrüchte nicht aufbewahren. Rohe Riesengarnelen oder Kaisergranate kann man gut einfrieren. Spätestens nach ein bis zwei Monaten verwenden. Zugedeckt über Nacht im Kühlschrank auftauen. Übrige Kräuter für eine Kräutersuppe oder -sauce verwenden.

Pochierte Schollenfilets mit Orangensauce und Petersilienklößchen

EINKAUF

6 kleine Schollenfilets

Schollen (Goldbutt) sind sehr eiweißreich und fettarm. Sie haben weißes, sehr zartes Fleisch. Schollenfilets gibt es auch tiefgefroren. Auftauzeit berücksichtigen (2 – 3 Stunden).

1 mittelgroße Orange

Orangensaft

Für dieses Rezept preiswerten, fertigen Orangensaft kaufen, da er zum Kochen benötigt wird.

2 Zitronen

2 Bund Petersilie

Beste Wahl: Glatte Petersilie. Sie ist geschmacksintensiver als krause.

Vollmilch

Butter

2 Eier

Mehl

Universalhaushaltsmehl, Weizenmehl Type 405. Tip: Für die Klöße 50 g Mehl und 25 g Grieß mischen, dann werden sie lockerer.

Weißwein (trocken)

Muskatnuß

Würzt frisch gerieben intensiver als Muskatpulver.

ZUTATEN

Für 2 Personen

Schollenfilets

360 g Schollenfilet
1 Zitrone
¼ l Orangensaft
¼ l Wasser
Salz

Orangensauce

1 Orange
⅛ l Weißwein
⅛ l Orangensaft
1 Zitrone
Salz

Petersilienklößchen

⅛ l Milch
50 g Butter
75 g Mehl
2 Eier
2 Bund Petersilie
1 Prise Muskat
Salz

GERÄTE

3 Kochplatten
4 Kochtöpfe
Litermaß
Rührschüssel
Sieb
Schneebesen
Schaumkelle
Zitronenpresse

ZEIT

Vorbereitung:
ca. 10 Minuten

Zubereitung:
ca. 30 Minuten

NÄHRWERT

pro Person

Schollenfilet:	
Kalorien (kcal):	180
Joule (kJ):	760
Eiweiß (g):	32
Fett (g):	2
Kohlenhydrate (g):	7
Orangensauce:	
Kalorien (kcal):	100
Joule (kJ):	420
Eiweiß (g):	1
Fett (g):	+
Kohlenhydrate (g):	13
Petersilienklößchen:	
Kalorien (kcal):	470
Joule (kJ):	1970
Eiweiß (g):	13
Fett (g):	29
Kohlenhydrate (g):	32
Insgesamt:	
Kalorien (kcal):	750
Joule (kJ):	3150
Eiweiß (g):	46
Fett (g):	31
Kohlenhydrate (g):	52

VORBEREITUNG

Petersilie hacken. Arbeitsablauf: Zuerst die Petersilienklößchen zubereiten. Während die Klöße garziehen, die Orangensauce zubereiten und zum Schluß die Schollenfilets garziehen lassen. Orangenfilets zum Schluß nur kurz in der Sauce anwärmen, sonst zerfallen sie.

ZUBEREITUNG ORANGENSAUCE (1–6)
ZUBEREITUNG SCHOLLENFILET (7–12)

1. Orangenschalen einschließlich der weißen Innenhaut entfernen.

2. Die Orangenfilets zwischen den Trennhäuten herausschneiden.

3. Orangenreste gut ausdrücken.

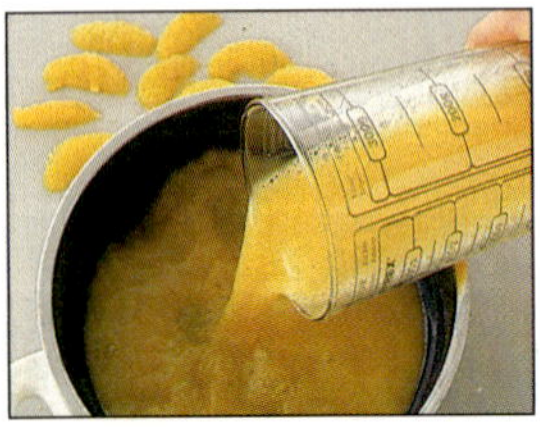

4. ⅛ l Weißwein und ⅛ l Orangensaft in einem Topf aufkochen.

5. Die Orangensauce auf die halbe Menge einkochen lassen.

6. Mit Zitronensaft und einer Prise Salz würzen. Orangenfilets zugeben.

7. Schollenfilets längs halbieren, Hälften nochmals längs teilen.

8. Orangensaft, Wasser, Zitronensaft und 1 Prise Salz erhitzen.

9. Nicht kochen! Kochplatte auf geringe Hitze herunterschalten.

10. Schollenfilets in die heiße, nicht kochende Flüssigkeit heben.

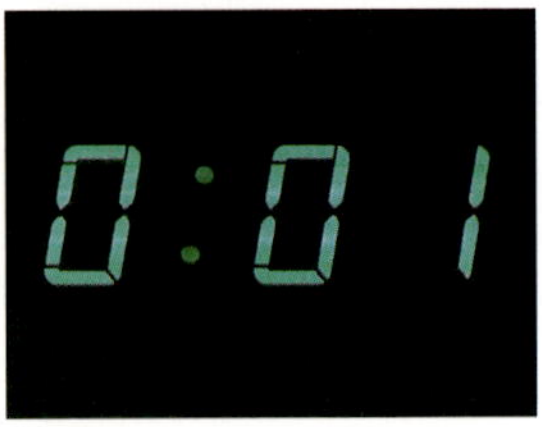

11. 1 Minute garziehen lassen.

12. Mit einer Schaumkelle herausheben und abtropfen lassen.

ZUBEREITUNG PETERSILIENKLÖSSCHEN

1. ⅛ l Milch, 50 g Butter, ¼ TL Salz und 1 Prise Muskat aufkochen.

2. Gesiebtes Mehl auf einmal zugeben, rühren bis sich ein Kloß bildet.

3. Rundherum bei geringer Hitze zu einer zähen, festen Masse abbrennen.

4. Teig in einer Rührschüssel kräftig durchschlagen. 2 Eier und 2 Bund gehackte Petersilie untorrühron.

5. Von dem Petersilien-Brandteig mit 2 Eßlöffeln kleine Klößchen formen.

6. In leicht gesalzenem heißen Wasser 6 Minuten garziehen lassen, herausheben, abtropfen lassen.

Tips vom Meisterkoch

Noch besser schmeckt die Orangensauce, wenn man nach dem Einkochen zwei Eßlöffel Crème double (sprich: krähm dubl) unterrührt. Das ist eine cremige, gerinnungsstabile, fette Sahne (45 Prozent). Sie ist ideal zum Abrunden feiner Saucen, deren Eigengeschmack erhalten bleiben soll. Ersatzweise kann man die feinsäuerliche Crème fraîche (sprich: krähm fräsch) verwenden. Vor dem Servieren die Sauce kurz aufmixen und eventuell eine Butterflocke unterrühren.

Bei Tisch

Pochierte Schollenfilets mit Orangensauce und Petersilienklößchen serviert man als Zwischen- oder Hauptgericht. Ohne die Petersilienklößchen sind die Schollenfilets auch als warme Vorspeise geeignet. Die Petersilienklößchen kann man auch gut als Beilage zu anderen Fischgerichten oder als Einlage für Suppen (Tomatensuppe, klare Brühen) verwenden. Weinempfehlung: Ein Riesling aus dem Rheingau oder aus dem Elsaß.

Zanderfilet auf dem Lauchbett

EINKAUF

2 Stücke Zanderfilet

Zander, ein Süßwasserfisch, hat sehr zartes, wohlschmeckendes und eiweißreiches Fleisch. Für dieses Rezept wird das schiere Filet benötigt. Alternative: Filet von Lengfisch oder von Rotbarsch.

6–8 kleine Lauchstangen

Ganz jungen Lauch verlangen, bei dem auch die dunkelgrünen Blätter sehr zart sind. Das dunkle Grün von älteren, dickeren Lauchstangen wird in der Neuen Küche nur zum Auskochen verwendet.

Estragon

Frisch in kleinen Töpfen erhältlich.

Schnittlauch

Knoblauch

Lorbeerblatt

Crème fraîche

Crème fraîche gibt es mit unterschiedlichen Fettgehalten (zwischen 30 und 40 Prozent). Möglichst eine mit geringerem Fettanteil kaufen.

ZUTATEN

Für 2 Personen

Lauchgemüse

400 g Lauch
4 Zweige Estragon
½ Bund Schnittlauch
1 TL Butter (10 g)
60 g Crème fraîche
Salz

Zanderfilet

2 Zanderfilets à 180 g
⅛ l Wasser
1 kleines Lorbeerblatt
1 kleine Knoblauchzehe
Salz

Garniervorschlag:
Estragonblättchen

GERÄTE

Schnellkochtopf mit Siebeinsatz
2 Kochtöpfe
Litermaß
Schneebesen
Zitronenpresse
Küchenpinsel

ZEIT

Vorbereitung:
ca. 5 Minuten

Zubereitung:
ca. 15 Minuten,
ohne Schnellkochtopf
ca. 20 Minuten

NÄHRWERT

pro Person

Lauchgemüse:

Kalorien (kcal):	190
Joule (kJ):	800
Eiweiß (g):	3
Fett (g):	15
Kohlenhydrate (g):	13

Zanderfilet:

Kalorien (kcal):	170
Joule (kJ):	710
Eiweiß (g):	34
Fett (g):	1
Kohlenhydrate (g):	1

Insgesamt:

Kalorien (kcal):	360
Joule (kJ):	1510
Eiweiß (g):	37
Fett (g):	16
Kohlenhydrate (g):	14

VORBEREITUNG

1. Wurzelansatz vom Lauch abschneiden. Von älteren, dicken Lauchstangen die dunkelgrünen Blätter abschneiden und nur das helle "Herz" verwenden. Lauch waschen.
2. Estragon von den Stielen zupfen. Stiele für das Zanderfilet beiseite legen. Estragon und Schnittlauch fein schneiden.
3. Knoblauchzehe mit einem Messerrücken zerdrücken.

Arbeitsablauf: Zuerst den Lauch dünsten. Zugedeckt beiseite stellen. Dann das Fischfilet dämpfen und, während es gart, die Sauce aus dem Lauchfond zubereiten. Sofort servieren.

ZUBEREITUNG LAUCHGEMÜSE (1 – 6)
ZUBEREITUNG ZANDERFILET (7 – 12)

1. Kochplatte auf mittlere Hitze schalten und vorheizen.

2. Geputzten, gewaschenen Lauch in Ringe oder Streifen schneiden.

3. Lauch und Kräuter in einen gebutterten Topf schütten, leicht salzen.

4. Auf der vorgeheizten Kochplatte zugedeckt 2 Minuten dünsten.

5. Lauch in ein Sieb schütten, Dünstfond in einem Topf auffangen.

6. Mit 2 EL Crème fraîche aufkochen. Mit 1 Prise Salz und Zitrone würzen.

7. ⅛ l Wasser in den Schnellkochtopf gießen, 1 Prise Salz einstreuen.

8. Lorbeerblatt, Knoblauchzehe und Estragonstiele zugeben, aufkochen.

9. Siebeinsatz mit den Fischfilets in den Schnellkochtopf stellen.

10. Topf verschließen und bei starker Hitze Druck aufbauen.

11. 1 – 2 Minuten unter Druck garen.

12. Topf drucklos machen (abdampfen) und öffnen. Siebeinsatz entnehmen.

Tips vom Meisterkoch

Die Sauce für das Lauchgemüse wird noch feiner im Geschmack, wenn man zum Schluß eine Butterflocke hineingibt und alles mit dem Handmixer kräftig aufschlägt. Einige feingeschnittene Estragonblättchen machen die Sauce noch raffinierter. Wenn alles für ein großes Menü rechtzeitig vorbereitet werden muß, den Lauch und die Kräuter nur 1 Minute dünsten, nach dem Abtropfen abkühlen lassen und kurz vor dem Servieren in etwas heißer Butter warmschwenken oder gleich in der Sauce erhitzen.

Bei Tisch

Zanderfilet auf dem Lauchbett ist ein sehr schnell zubereitetes Gericht, das sich als Vorspeise oder Zwischengericht eignet. Mit körnig gekochtem Reis oder gedämpften Kartoffeln als Beilage wird daraus ein leichtes Hauptgericht. Man deckt ein Fischbesteck, ersatzweise zwei Gabeln, um den Fisch zu zerteilen. Weinempfehlung: Ein Müller-Thurgau Kabinett (z. B. aus Franken) oder ein Grüner Veltliner aus Österreich.

Wenn etwas übrigbleibt

AUFBEWAHREN

Kühlschrank: Lauchgemüse und Sauce etwa einen Tag.

LAUCHSUPPE

1. Eine Schalotte fein hakken und in wenig Butter andünsten.
2. 250 g kleingeschnittenen Lauch (wie auf der linken Seite beschrieben) dazuschütten und kurz mitdünsten. 1/8 l Wasser aufgießen und leicht salzen.
3. Zugedeckt ca. 10 Minuten garen, restliches Lauchgemüse zugeben und mit einem Pürierstab oder im Mixer pürieren.
4. 2 EL Crème fraîche unterrühren und die Suppe mit wenig Salz und frisch geriebenem Muskat abschmecken.
5. Übrigen Schnittlauch und Estragon fein schneiden und untermischen.

Hechtklößchen in Cidresauce mit Tomatenreis

EINKAUF

200 g Hechtfilet

Hecht ist wie Zander ein eiweißreicher Süßwasserfisch mit festem, unter der Haut leicht rötlichem Fleisch. Er ist allerdings grätenreicher.

Schalotte

3 kleine feste Tomaten

1 Zitrone

¼ l süße Sahne

2 Eier

Reis

Sorte: Langkornreis (Patnareis). Nach dem Kochen weiß, körnig. Besonders locker und körnig kochend: Parboiled Reis (speziell behandelt).

Cidre (herb)

Cidre (sprich: ßidre) ist ein ursprünglich französischer Apfelwein mit geringem Alkoholgehalt (fünf Prozent). Wird auch in Deutschland hergestellt. Ersatzweise einen trockenen Weißwein nehmen.

Cayennepfeffer

Sehr scharfes, rötliches Pfefferpulver. Vorsichtig dosieren.

Muskatnuß

ZUTATEN

Für 2 Personen

Hechtklößchen

200 g Hechtfilet
1 Eiweiß
⅛ l süße Sahne
1 Prise Muskat
Salz

Cidresauce

0,1 l herber Cidre
0,1 l süße Sahne
2 Eigelb
1 Msp Cayennepfeffer
1 Zitrone
Salz

Tomatenreis

1 TL Butter (10 g)
1 Schalotte (30 g)
100 g Langkornreis
0,2 l Wasser
3 Tomaten (150 g)
Salz

Garniervorschlag:
Frische Dillzweige

GERÄTE

Gefriergerät oder Gefrierfach
Handrührgerät mit Pürierstab oder Mixer
3 Kochplatten
3 Kochtöpfe
Litermaß
Rührschüssel
Sieb
Schneebesen
Schaumkelle
Zitronenpresse

ZEIT

Vorbereitung:
ca. 15 Minuten

Zubereitung:
ca. 40 Minuten

NÄHRWERT

pro Person

Hechtklößchen:	
Kalorien (kcal):	290
Joule (kJ):	1220
Eiweiß (g):	20
Fett (g):	20
Kohlenhydrate (g):	2

Cidresauce:	
Kalorien (kcal):	250
Joule (kJ):	1050
Eiweiß (g):	4
Fett (g):	23
Kohlenhydrate (g):	5

Tomatenreis:	
Kalorien (kcal):	240
Joule (kJ):	1010
Eiweiß (g):	4
Fett (g):	5
Kohlenhydrate (g):	43

Insgesamt:	
Kalorien (kcal):	780
Joule (kJ):	3280
Eiweiß (g):	28
Fett (g):	48
Kohlenhydrate (g):	50

VORBEREITUNG

1. Eier trennen, ein Eiweiß kalt stellen.
2. Sahne kalt stellen.
3. Schalotte fein würfeln.
4. Tomaten (Stielansatz keilförmig herausschneiden) 2 – 3 Sekunden in kochendes Wasser tauchen, kalt abspülen und die Haut abziehen. Halbieren, entkernen und das Fruchtfleisch würfeln.

Arbeitsablauf: Zuerst Hechtfleisch würfeln und anfrosten, dann den Reis ausquellen lassen. Während der Reis gart, Klößchen und Sauce zubereiten.

ZUBEREITUNG HECHTKLÖSSE (1–9)
ZUBEREITUNG CIDRESAUCE (10–12)

1. Hechtfilet in dünne Streifen schneiden und fein würfeln.

2. In einer Schüssel 15 Minuten im Gefriergerät anfrosten lassen.

3. Dann mit kaltem Eiweiß, 1 Prise Salz und Muskat pürieren.

4. Pürierte Hechtmasse durch ein feines Sieb (Haarsieb) streichen.

5. Nach und nach die sehr kalte Sahne unterrühren. Abschmecken.

6. Fertige Masse erneut im Gefriergerät etwa 10 Minuten anfrosten.

7. Mit zwei nassen Löffeln Klöße formen. In heißes Salzwasser geben.

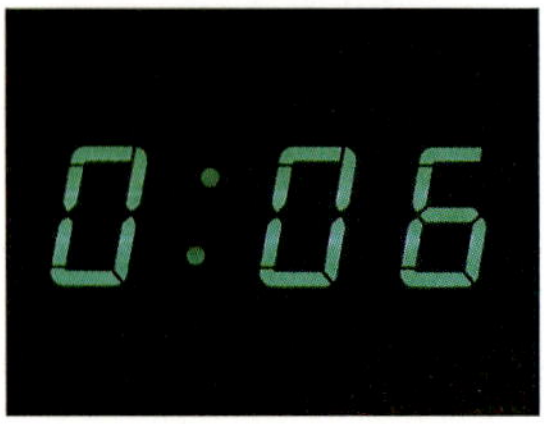

8. 6 Minuten im heißen, nicht kochenden Salzwasser garziehen lassen.

9. Herausheben und gut abtropfen lassen. Mit der Sauce servieren.

10. 0,1 l Sahne (10 EL) und 2 Eigelb verrühren.

11. Durch ein Sieb zum heißen, nicht kochenden Cidre geben. Verrühren.

12. Leicht salzen. Mit Cayennepfeffer und Zitronensaft abschmecken.

ZUBEREITUNG TOMATENREIS

1. 100 g Reis in ein Sieb schütten, kalt abbrausen, abtropfen lassen.

2. 1 TL Butter in einem Topf zerlassen. Schalottenwürfel zugeben und darin andünsten.

3. Abgetropften Reis dazuschütten, unter Rühren kurz mitdünsten.

4. 0,2 l Wasser aufgießen, leicht salzen und 2 Minuten offen kochen.

5. Zugedeckt bei geringster Hitze 10 – 15 Minuten ausquellen lassen.

6. Zum Schluß Tomatenfruchtfleisch unter den Reis heben.

Tips vom Meisterkoch

Die Hechtklößchen werden besonders locker und noch zarter, wenn man die Hälfte des Hechtfilets durch Steinbutt- oder Glattbuttfilet ersetzt. Drei bis vier Tropfen Anisschnaps (Pernod) geben der Hechtmasse eine besonders interessante Geschmacksnote. Die Sauce wird noch aromatischer, wenn man den Cidre etwa zur Hälfte einkochen läßt.

Bei Tisch

Hechtklößchen mit Cidresauce und Tomatenreis kann man als Zwischen- oder leichtes Hauptgericht servieren. Sehr dekorativ sieht es aus, wenn der Reis wie auf dem großen Foto als Timbal auf dem Teller angerichtet wird. Dazu gibt es spezielle Formen, aber mit einer Tasse erzielt man den gleichen Effekt. So wird's gemacht: Tasse etwas einfetten, Reis hineindrücken und auf Eßteller stürzen. Hechtklößchen schmecken auch gut in Suppen (Tomaten-, Kerbel- oder andere Kräutersuppen). Die Cidresauce paßt auch zu pochierten Schollenfilets, und der Tomatenreis ist eine ideale Beilage zu kurzgebratenen oder gegrillten Fisch- oder Fleischstücken. Weinempfehlung: Ein Weißwein (z. B. ein Pfälzer Riesling Kabinett) oder ein Loire-Wein (z. B. ein Pouilly Fumé, sprich: pujie fümeh).

Wenn etwas übrigbleibt

Die Hechtklößchen sollten nicht aufbewahrt werden. Übrige Cidresauce hält sich im Kühlschrank etwa ein bis zwei Tage. Verwendungsvorschlag: Zum Verfeinern von Suppen (Gemüseschaumsuppe, Kerbelsuppe) nehmen. Die Suppen dürfen danach jedoch nicht mehr kochen, sonst kann das Eigelb gerinnen und ausflocken. Tomatenreis hält sich etwa zwei bis drei Tage im Kühlschrank. Verwendungsbeispiel: Eine Hähnchenbrusthälfte, in Streifen geschnitten, in einem Eßlöffel heißer Butter unter Wenden 1 – 2 Minuten goldbraun braten. Mit wenig Salz und Pfeffer würzen. Übrigen Tomatenreis dazugeben und mit erhitzen. Mit frischem Basilikum abschmecken.

Fischfilet mit Champignons und Kräutern in Folie

EINKAUF

2 Portionen Fischfilet

Sorte nach Wunsch. Zum Beispiel Lengfisch-, Kabeljau-, Rotbarsch- oder Seelachsfilet. Festes, glänzendes und angenehm riechendes Fischfilet ohne Haut und Gräten wählen.

1 Zitrone

200 g Champignons

Beste Wahl: Weiße Champignons mit kleinen, geschlossenen Köpfen. Rosa Champignons können den Sud, der sich beim Garen bildet, unansehnlich färben.

Schalotte

Kleine, aromatische Gewürzzwiebelsorte, die besonders schnell gart.

Estragon

Feinaromatisches Küchenkraut. Frisch in kleinen Töpfen erhältlich.

Petersilie

Beste Wahl: Glatte Petersilie. Sie hat ein intensiveres Aroma als krause.

Schnittlauch

Weißwein (trocken)

Hier können sehr gut Weinreste verwertet werden.

ZUTATEN

Für 2 Personen

400 g Fischfilet
1 Zitrone
200 g weiße Champignons
1 Schalotte (30 g)
1 TL Butter (10 g)
8 Zweige Estragon
½ Bund Petersilie
½ Bund Schnittlauch
4 EL Weißwein
Salz

Garniervorschlag:
Etwas glatte Petersilie und Schnittlauch

GERÄTE

Pfanne
Schälchen
Küchenpinsel
Aluminiumfolie

ZEIT

Vorbereitung:
ca. 5 Minuten

Zubereitung:
ca. 25 Minuten

NÄHRWERT

pro Person

Kalorien (kcal):	260
Joule (kJ):	1090
Eiweiß (g):	40 ■
Fett (g):	6 □
Kohlenhydrate (g):	5 □

VORBEREITUNG

1. Fischfilets kurz unter fließendem kalten Wasser säubern. Mit Küchenpapier trockentupfen.
2. Pilze mit einem Küchenpinsel säubern. Sandigen Fuß der Pilze abschneiden. Tip: Größere Mengen Pilze in kaltem Wasser säubern, das mit dem Saft einer Zitrone und 2 – 3 EL Mehl vermischt wurde; dann bleiben sie schön hell.

Arbeitsablauf: Für ein größeres Menü kann alles fertig vorbereitet werden (Phasenfotos 1–8). Tip: Man kann sehr gut mehrere Folienpakete gleichzeitig garen. Den Backofen dazu rechtzeitig auf 200 Grad vorheizen. Die Folienpakete 15–20 Minuten vor dem Servieren hineingeben.

ZUBEREITUNG FISCHFILET IN FOLIE

1. Gesäubertes Fischfilet in 3 cm breite Streifen schneiden, säuern.

2. Champignons in Scheiben schneiden und ebenfalls säuern.

3. Kräuter fein schneiden, Schalotte würfeln. Beides miteinander mischen.

4. Zwei gleich große Stücke Aluminiumfolie (30 x 30 cm) buttern.

5. Pilzscheiben und Kräuter jeweils auf eine Hälfte der Folie geben.

6. Leicht gesalzenen Fisch und jeweils 2 EL Weißwein dazugeben.

7. Folie darüberschlagen, zweimal umfalten und festdrücken.

8. Seitliche Folienenden zusammenfalten und gut zusammendrücken.

9. Kochplatte auf mittlere Hitze schalten.

10. Folienpakete in einer leeren Pfanne bis zum Aufblähen erhitzen.

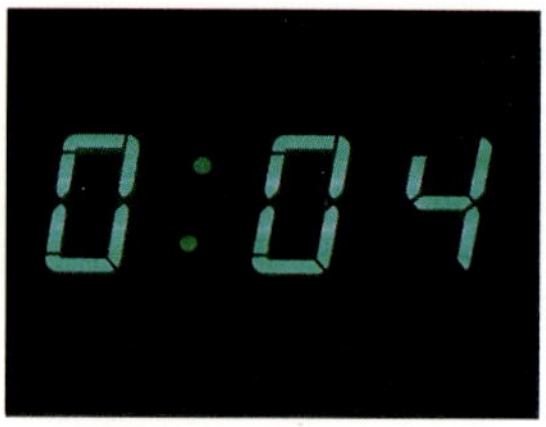

11. Kochplatte auf geringe Hitze herunterschalten. 4 Minuten garen.

12. Folie vorsichtig öffnen, Inhalt auf einen Teller gleiten lassen.

BEILAGENVORSCHLAG GEDÄMPFTE KARTOFFELN

1. 375 g Kartoffeln mit einem Sparschäler schälen und in kaltem Wasser säubern. Abgetropft in den Siebeinsatz des Schnellkochtopfes legen.

2. ⅛ l Wasser mit einer Prise Salz im Schnellkochtopf bei starker Hitze aufkochen. Zwei Zweige Petersilie dazugeben.

3. Siebeinsatz in den Topf stellen. Topf verschließen und Druck aufbauen. Bei geringer Hitze 5 Minuten garen, abdampfen und den Topf öffnen.

Tips vom Meisterkoch

Das Garen in der Folie gehört mit zu den schonendsten Zubereitungsmethoden. Besonders köstlich ist der Sud, der sich dabei in der Folie sammelt. Er enthält das ganze Aroma von Fisch, Kräutern, Pilzen und Wein.

Bei Tisch

Bei diesem Zwischen- oder Hauptgericht gibt es zwei Serviermöglichkeiten. Entweder wird es wie auf dem großen Foto fertig auf einem Teller angerichtet, oder das Fischfilet kommt in der Folie auf den Tisch, damit man Duft und Aroma beim Öffnen genießen kann. Fischbesteck, ersatzweise zwei Gabeln, decken. Weiterer Beilagenvorschlag: Reis. Weinempfehlung: Ein Pinot Blanc (sprich: pino blañ) aus Italien oder eine Silvaner Spätlese aus der Pfalz.

Wenn etwas übrigbleibt

Aus rohen Champignons kann man herrliche Salate zubereiten (siehe z. B. "Böhnchensalat mit Pilzen"). Oder übriggebliebene rohe Pilze säubern, blättrig schneiden und in einem Teelöffel zerlassener Butter mit einer gehackten Schalotte andünsten. Mit feingehackten Kräutern (Petersilie, Schnittlauch), einer Prise Salz und etwas Zitronensaft würzen und auf gebuttertem Toast oder Schwarzbrotscheiben als kleinen Imbiß servieren.

Lachswürfel mit Bandnudeln und Safransauce

EINKAUF

300 g Lachsfilet

Lachs (Salm) gehört zu den feinsten Edelfischen. Sein orange- bis hellrotes, relativ fettes, grätenarmes Fleisch hat ein zartes Aroma.
Kurze Garzeiten haben ihn zum Star der Neuen Küche gemacht. Allerdings ist er nicht ganz billig. Bräunliche Fettschicht entfernen lassen.

Schalotte

1 Zitrone

Safran

Safran gibt der Sauce die kräftige gelbe Farbe. Er wird aus den Blütennarben einer Krokusart (Safranpflanze) hergestellt und ist verhältnismäßig teuer. Safran würzt und färbt bereits in winzigen Mengen. Erhältlich in Fäden oder als Pulver. Luftdicht und dunkel aufbewahren.

1 Becher Crème double

Besonders fette (45%), cremige und löffelfeste Sahne, schlagfähig und geschmacksneutral. In Deutschland relativ neu. Ersatzweise: Die feinsäuerliche, milde Crème fraîche (zwischen 30 und 40 Prozent Fettgehalt).

Weißwein (trocken)

Bandnudeln

ZUTATEN

Für 2 Personen

Lachswürfel mit Safransauce

300 g Lachsfilet
1 TL Butter (10 g)
1 Schalotte (20 g)
2 Msp Safran
⅛ l Weißwein
2 EL Crème double (60 g)
einige Tropfen
Zitronensaft
Salz, weißer Pfeffer

Nudeln

75 g Bandnudeln
¾ l Wasser
1 TL Öl
1 TL Butter (10 g)
Salz

GERÄTE

2 Kochtöpfe
Pfanne mit Deckel
Litermaß
Sieb
Schneebesen
Schaumkelle
Pinzette
Küchenpinsel

ZEIT

Vorbereitung:
ca. 5 Minuten

Zubereitung:
ca. 20 Minuten

NÄHRWERT

pro Person

Lachswürfel mit Safransauce:

Kalorien (kcal):	540
Joule (kJ):	2270
Eiweiß (g):	30
Fett (g):	37
Kohlenhydrate (g):	2

Nudeln:

Kalorien (kcal):	230
Joule (kJ):	960
Eiweiß (g):	5
Fett (g):	10
Kohlenhydrate (g):	27

Insgesamt:

Kalorien (kcal):	770
Joule (kJ):	3230
Eiweiß (g):	35
Fett (g):	47
Kohlenhydrate (g):	29

VORBEREITUNG

Schalotte fein würfeln.
Arbeitsablauf:
Nudeln aufsetzen. Während die Nudeln kochen, Lachswürfel und Safransauce zubereiten.

ZUBEREITUNG LACHSWÜRFEL MIT SAFRANSAUCE

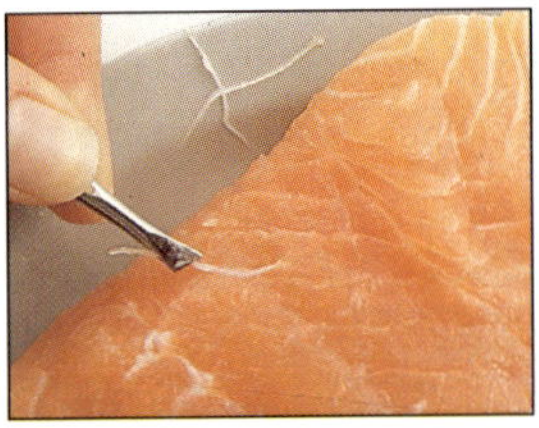

1. Mit einer Pinzette vorhandene Gräten aus dem Lachsfilet ziehen.

2. Trockengetupftes Filet in Streifen, dann in 3 cm große Würfel teilen.

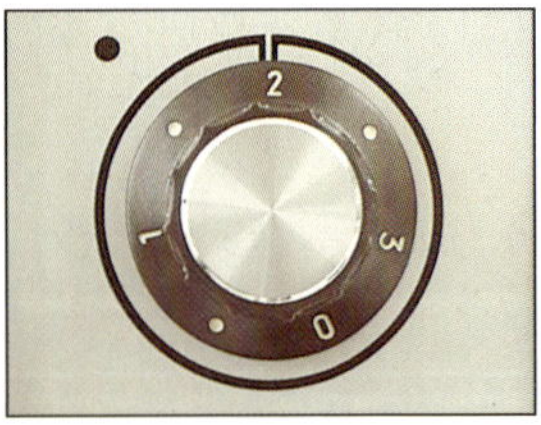

3. Kochplatte auf mittlere Hitze vorheizen.

4. Boden einer Pfanne mit 1 TL weicher Butter einpinseln.

5. Schalottenwürfel und 1 Msp Safran einstreuen.

6. Leicht gesalzene Lachswürfel daraufsetzen. ⅛ l Weißwein angießen.

7. Deckel aufsetzen und die Pfanne auf die vorgeheizte Kochplatte stellen.

8. Zugedeckt ca. 2 Minuten dünsten.

9. Lachswürfel vorsichtig aus der Flüssigkeit heben, abtropfen lassen.

10. Flüssigkeit in einen anderen Topf seihen. Lachs in der Pfanne warm stellen.

11. Flüssigkeit mit 1 Msp Safran aufkochen. 2 EL Crème double einrühren.

12. Sauce mit wenig Salz, Pfeffer und zwei bis drei Tropfen Zitronensaft abschmecken.

ZUBEREITUNG BANDNUDELN

1. ¾ l Wasser mit 1 TL Öl und ¼ TL Salz aufkochen.

2. 75 g Bandnudeln in das kochende Wasser hineinschütten.

3. Umrühren, damit sie nicht aneinanderkleben. Etwa 5–7 Minuten kochen.

4. Garprobe: Eine Nudel herausfischen. Sie soll Biß haben (al dente).

5. Nudeln in ein Sieb schütten, kalt abbrausen und gut abtropfen lassen. 1 TL Butter in den leeren Topf geben.

6. Nudeln zugeben und darin heißschwenken. Mit einer Prise Salz würzen.

Tips vom Meisterkoch

Selbstgemachte Bandnudeln (siehe "Tagliatelle") schmecken am besten. Profis bereiten die Lachswürfel und die Sauce mit einem Fischfond (Brühe, Grundlage für eine gute Sauce, siehe "Mousse von Räucherforelle") zu: ¼ l Fischfond etwa zur Hälfte einkochen lassen (reduzieren). Lachswürfel wie auf den Phasenfotos 1–6 auf der linken Seite zubereiten. Statt Weißwein ⅛ l Fischfond angießen. Weitere Zubereitung wie auf der linken Seite unter den Punkten 7–11 beschrieben. Crème double und Fond eine halbe Minute gut durchkochen, im Mixer oder mit einem Pürierstab schaumig aufschlagen und mit zwei bis drei Tropfen Anisschnaps (Pernod), Weißwein und Zitronensaft abschmecken.

Bei Tisch

Lachswürfel mit Safransauce sind ein schnell zubereitetes und doch edles Gericht. Anrichtevorschlag: Gekochte Nudeln mit einer langen, zweizinkigen Fleischgabel aufwickeln. Auf vorgewärmten Tellern abstreifen. Ohne die Nudeln kann man die Lachswürfel auch als warme Vorspeise servieren. Weinempfehlung: Dazu paßt Weißwein — ein badischer Riesling oder Weißburgunder. Ganz ausgezeichnet: Ein Loire oder Côte de Provence.

Wenn etwas übrigbleibt

Gekochte Nudeln sind abgedeckt zwei bis drei Tage im Kühlschrank haltbar. Verwendungsvorschlag: In heißer Butter mit einer zerdrückten Knoblauchzehe und vielen frischen gehackten Kräutern heißschwenken. Ideal als kleine Mahlzeit oder Vorspeise.

Gebratenes Rotbarbenfilet auf kleiner Ratatouille

EINKAUF

2 große Rotbarbenfilets

Rotbarben, eine rötliche Seebarbenart, haben sehr wohlschmeckendes festes Fleisch. Sie werden im Atlantik oder im Mittelmeer das ganze Jahr über gefangen, schmecken aber in den Sommermonaten besonders gut. Filets mit rotschillernder Haut verlangen. Bei kleineren Rotbarben vier Filets kaufen.

1 Zitrone

1 kleine Aubergine

Glatte, feste, glänzende Frucht mit grünem Stiel und Blattkranz wählen.

1 kleine Zucchini

Kleine feste Zucchini sind besonders zart.

1 kleine Paprikaschote

Beste Wahl: Eine knackige, rote Paprikaschote. Sehr Vitamin-C-haltig.

1 feste Fleischtomate

2 Schalotten

Knoblauch

1 kleine Dose Tomaten

Geschälte Dosentomaten haben ein sehr intensives Tomatenaroma.

Thymian

Gibt's frisch oder getrocknet. Schmeckt intensiv, deshalb vorsichtig dosieren.

ZUTATEN

Für 2 Personen

Ratatouille

1 Zucchini (100 g)
1 Aubergine (150 g)
1 Paprikaschote (100 g)
1 Fleischtomate (100 g)
2 Schalotten (80 g)
1 Knoblauchzehe
1 EL Olivenöl
1 Msp Thymian
150 g geschälte Tomaten
Salz, Pfeffer

Rotbarbe

400 g Rotbarbenfilet
1 Zitrone
1 EL Butter (20 g)
Salz

Garniervorschlag:
Frische Basilikumblätter

GERÄTE

Pfanne
2 Kochtöpfe
Schälchen
Sieb
Bratenwender

ZEIT

Vorbereitung:
ca. 20 Minuten

Zubereitung:
ca. 15 Minuten

NÄHRWERT
pro Person

Ratatouille:

Kalorien (kcal):	130
Joule (kJ):	550
Eiweiß (g):	3
Fett (g):	5
Kohlenhydrate (g):	14

Rotbarbe:

Kalorien (kcal):	240
Joule (kJ):	1010
Eiweiß (g):	31
Fett (g):	11
Kohlenhydrate (g):	+

Insgesamt:

Kalorien (kcal):	370
Joule (kJ):	1560
Eiweiß (g):	34
Fett (g):	16
Kohlenhydrate (g):	14

VORBEREITUNG

1. Zucchini-Enden, Stiel und Blattkranz der Aubergine abschneiden.
2. Paprikaschote halbieren, Kerne entfernen. Schotenhälften mit kaltem Wasser ausspülen.
3. Fleischtomate (Stielansatz keilförmig herausschneiden) 3–5 Sekunden in kochendes Wasser tauchen. In kaltem Wasser abkühlen, Haut abziehen. Tomate halbieren und entkernen.
4. Gemüse in Würfel von ½ cm Kantenlänge schneiden.
5. Schalotten und Knoblauchzehe fein würfeln.

Arbeitsablauf: Gemüse vorbereiten. Gewürfelte Auberginen mit Zitronensaft beträufeln, weil sich das Fruchtfleisch sonst bräunlich verfärbt. Während das Rotbarbenfilet brät, das Gemüse dünsten.

ZUBEREITUNG RATATOUILLE (1–6)
ZUBEREITUNG GEBRATENES ROTBARBENFILET (7–12)

1. Bei mittlerer Hitze 1 EL Öl in einem kleinen Topf erhitzen.

2. Schalotten- und Knoblauchwürfel darin andünsten, keinesfalls bräunen.

3. Kleingewürfeltes Gemüse dazuschütten, leicht salzen und pfeffern.

4. Mit 1 Msp Thymian würzen. Zugedeckt 2 Minuten dünsten.

5. 150 g Dosentomaten durch ein Sieb streichen. Etwas einkochen lassen.

6. Tomatenpüree zu dem Gemüse geben, unterrühren, abschmecken.

7. Fischfilet gleich nach dem Einkauf säuern und kühl stellen.

8. Vor dem Braten mit Küchenpapier trockentupfen.

9. Kochplatte auf mittlere Hitze schalten. 1 EL Butter schmelzen lassen.

10. Fischfilet mit der Hautseite nach unten in die geschmolzene Butter einlegen.

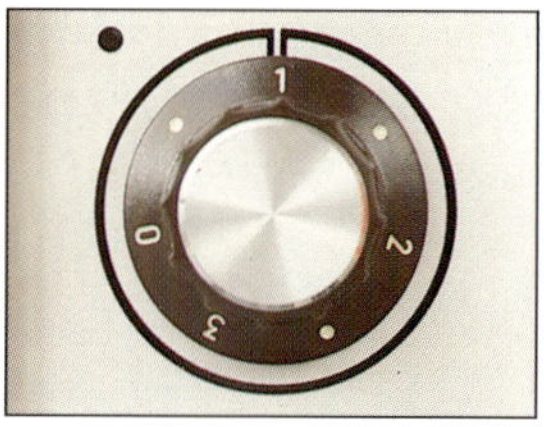

11. Kochplatte auf geringe Hitze herunterschalten. 2 Minuten braten.

12. Vorsichtig wenden. Auf ausgeschalteter Kochplatte 2 Minuten braten. Leicht salzen.

Tips vom Meisterkoch

Auf den Knoblauch kann man bei dieser kleinen Ratatouille auch verzichten. Besonders aromatisch schmeckt das Gemüse, wenn es mit je einer Messerspitze Thymian, Rosmarin und Oregano gewürzt wird. Sehr gut paßt dazu auch der zarte, fleischige Boden einer gekochten Artischocke.

Bei Tisch

Ratatouille (sprich: ratatuij) ist ein ursprünglich aus Südfrankreich stammender Gemüseeintopf. Die kleine Ratatouille ist eine warme Gemüsebeilage für dieses Zwischen- oder Hauptgericht. Übrigens schmeckt Ratatouille auch kalt, beispielsweise als Vorspeise, sehr gut. Die angegebene Menge reicht als vegetarisches Hauptgericht für eine Person. Das Rotbarbenfilet kann man auch mit Cidresauce oder Lauchgemüse servieren. Weitere Beilagenvorschläge: Baguette, Reis. Weinempfehlung: Ein Rosé-Wein von der Côte de Provence oder ein Weißherbst vom Kaiserstuhl.

Wenn etwas übrigbleibt

Diese Ratatouille ist schneller zubereitet als aufgetaut. Sollte etwas davon übrigbleiben, aus den restlichen Dosentomaten eine Suppe zubereiten und das Gemüse als Einlage hineingeben.

Poulardenbrust mit Paprikapürees

EINKAUF

1 Poulardenbrust

Poularden sind besonders zarte Fleischhühner. Sie sind sehr eiweißreich und leicht verdaulich. Die Brusthälften kann man einzeln (ausgelöst) fertig abgepackt kaufen. Beim Geflügelhändler eine ausgelöste Brust, also zwei Hälften verlangen. Variante: Hähnchenbrusthälften.

4 große Paprikaschoten

Paprikaschoten gibt es in verschiedenen Farben. Rote und gelbe Paprika schmecken besonders süßfruchtig und mild. Grüne haben einen herbfrischen Geschmack. Alle Sorten enthalten viel Vitamin C. Feste, glatte Schoten ohne schadhafte Stellen aussuchen. Dekorativ: Zwei rote und zwei gelbe Paprikaschoten.

ZUTATEN

Für 2 Personen

Paprikapüree

4 Paprikaschoten (600 g)
Salz

Poulardenbrust

400 g Poulardenbrust
1 EL Öl
Salz, weißer Pfeffer

Garniervorschlag:
Sehr feine Streifen von verschiedenfarbigen Paprikaschoten

GERÄTE

Backofen
Handrührgerät mit Pürierstab oder Mixer
Pfanne
2 Kochtöpfe
2 Schälchen
Bratenwender

ZEIT

Vorbereitung:
ca. 10 Minuten
Zubereitung:
ca. 30 Minuten

NÄHRWERT

pro Person

Paprikapüree:

Kalorien (kcal):	60
Joule (kJ):	250
Eiweiß (g):	3
Fett (g):	+
Kohlenhydrate (g):	11

Poulardenbrust:

Kalorien (kcal):	260
Joule (kJ):	1090
Eiweiß (g):	46
Fett (g):	7
Kohlenhydrate (g):	+

Insgesamt:

Kalorien (kcal):	320
Joule (kJ):	1340
Eiweiß (g):	49
Fett (g):	7
Kohlenhydrate (g):	11

VORBEREITUNG

Paprikaschoten halbieren und die Kerne herauslösen. Verbliebene Kerne unter fließendem kalten Wasser herausspülen.
Arbeitsablauf: Paprikapüree fertig zubereiten. Vor dem Servieren nur kurz erhitzen, während nebenbei die Poulardenbrust brät.
Tip: Die Paprikaschoten kühlen nach dem Anrösten schneller ab, wenn man ein nasses Geschirrtuch darauflegt.

ZUBEREITUNG PAPRIKAPÜREE (1–6)
ZUBEREITUNG POULARDENBRUST (7–12)

1. Backofen auf 225 Grad vorheizen (wenn vorhanden, nur Oberhitze).

2. Paprikahälften mit der Hautseite nach oben auf ein Backblech legen.

3. Etwa 5–7 Minuten anrösten.

4. Herausnehmen, etwas abkühlen lassen und die lose Haut abziehen.

5. Rote und gelbe Paprikaschoten nacheinander pürieren.

6. Pürees farblich getrennt unter Rühren erhitzen. Leicht salzen.

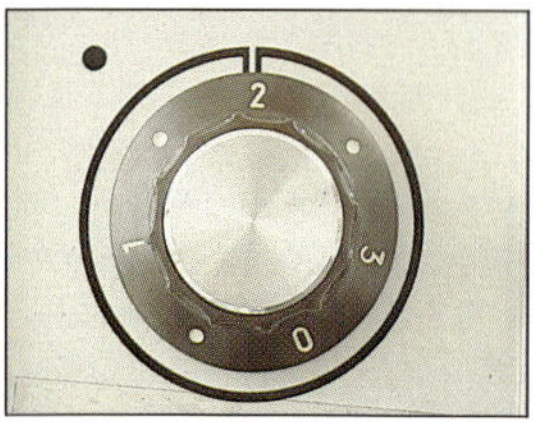

7. Kochplatte auf mittlere Hitze schalten. 1 EL Öl erhitzen.

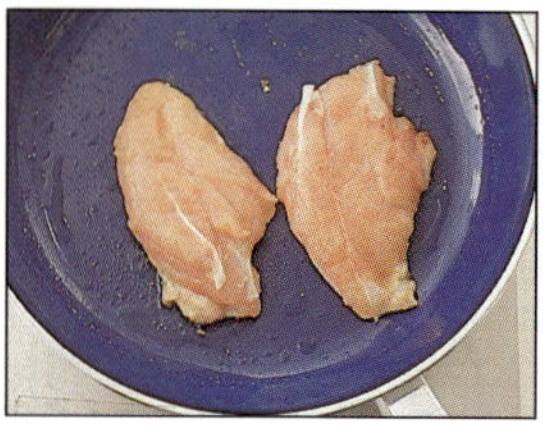

8. Poulardenbrusthälften einlegen. Jede Seite eine halbe Minute anbraten.

9. Wenden und bei geringer Hitze 2 Minuten weiterbraten.

10. Auf einen vorgewärmten Teller legen. Mit einer Prise Salz und weißem Pfeffer würzen.

11. 1 Minute ruhen lassen, zwischendurch einmal wenden.

12. Poulardenbrust vor dem Servieren schräg in ½ cm dicke Scheiben schneiden.

Tips vom Meisterkoch

Besonders fleischig sind im Freiland aufgezogene und mit Körnern gefütterte Poularden. Zum Beispiel Maispoularden oder die aus Frankreich importierten Bresse-Poularden (sprich: bräß-pularden). Die Paprikapürees schmecken noch feiner, wenn man nach dem Erhitzen ein bis zwei Butterflöckchen unterrührt und die Pürees mit einigen Tropfen Zitronensaft abschmeckt.

Bei Tisch

Poulardenbrust mit Paprikapürees kann als warme Vorspeise, Zwischen- oder Hauptgericht serviert werden. Dazu schmecken Baguette, körniger Reis oder Nudeln. Paprikapüree paßt auch zu pochiertem oder gebratenem Fisch sehr gut. Mit der lauwarmen Poulardenbrust kann man einen frischen Salat anreichern. Weinempfehlung: Ein Chablis (sprich: schablie) oder, preiswerter, ein Entre-deux-mers (sprich: añtr dö mär) aus Bordeaux.

Wenn etwas übrigbleibt

AUFBEWAHREN

Kühlschrank: Paprikapuree ein bis zwei Tage. Verwendungstip: Unter körnig gekochten Reis mischen. Poulardenbrust hält sich in Frischhaltefolie eingeschlagen ebenfalls ein bis zwei Tage.

Gefriergerät: Paprikapüree zwei bis drei Monate.
Tip: Gefroren in einen Topf geben und bei geringster Hitze langsam auftauen lassen. Ab und zu umrühren, damit es nicht anbrennt.

GEFLÜGELGULASCH

1. 200 g gebratene Poulardenbrust in mundgerechte Bissen schneiden.
2. Eine gewürfelte Schalotte in 1 TL Butter andünsten. Eine geschälte, gewürfelte Möhre zugeben und kurz mitdünsten.
3. ⅛ l süße Sahne aufgießen und alles zugedeckt bei geringer Hitze 15 Minuten garen.
4. Geflügelfleisch dazugeben. Mit einer Prise Salz, frisch gemahlenem weißen Pfeffer sowie einigen Tropfen Zitronensaft abschmecken.

Hähnchenbrust mit Ananas und Glasnudeln

EINKAUF

1 Hähnchenbrust

Hähnchenbrusthälften gibt es fertig abgepackt ohne Brustknochen zu kaufen. Beim Geflügelhändler eine Hähnchenbrust, also zwei ausgelöste Hälften verlangen.

80 g Shrimps

Shrimps (Tiefseegarnelen, Grönlandkrabben) ohne Schale für dieses Rezept kaufen.

1 Zitrone

2 Lauchzwiebeln

Sehr zarte, milde Zwiebelsorte (Frühlingszwiebeln) mit Grün.

Knoblauch

Tomatenmark

Eine kleine Dose oder eine Tube Tomatenmark.

Sojasauce

Dunkelbraune, ostasiatische Würzsauce mit leicht malzigem Geschmack. Beste Wahl: Natürlich gebraute Sojasauce ohne Konservierungsstoffe.

1 kleine Dose Ananas (ca. 320 g Inhalt)

Am besten schon zerteilte Ananasstücke kaufen.

1 Paket Glasnudeln

Glasnudeln, chinesische Fadennudeln (Soeoen), sind in Spezialitätengeschäften oder Kaufhäusern erhältlich.

ZUTATEN

Für 2 Personen

300 g Hähnchenbrust
2 EL Sojasauce
3 EL Öl
1 TL Essig
1 Knoblauchzehe
1 EL Tomatenmark (20 g)
1 Dose Ananasstücke
1 Zitrone
2 Lauchzwiebeln (75 g)
80 g Shrimps
80 g Glasnudeln
Salz, Pfeffer

Garniervorschlag:
Etwas vom dunklen Lauchzwiebelgrün in sehr feine Streifen schneiden und mit den Glasnudeln mischen

GERÄTE

Pfanne
Kochtopf
2 Rührschüsseln
2 Schälchen
Sieb
Schneebesen
Zitronenpresse
Küchenschere
evtl. Knoblauchpresse

ZEIT

Vorbereitung:
ca. 5 Minuten

Zubereitung:
ca. 30 Minuten

NÄHRWERT

pro Person

Kalorien (kcal):	600
Joule (kJ):	2520
Eiweiß (g):	45
Fett (g):	19
Kohlenhydrate (g):	49

VORBEREITUNG

1. Knoblauchzehe mit einer Knoblauchpresse oder einem Messerrücken zerdrücken.
2. Wurzelansatz, äußere Blattschicht und dunkles Grün von den Lauchzwiebeln abschneiden.

Arbeitsablauf: Für ein größeres Menü kann alles fertig vorbereitet werden, so daß nur noch das Fleisch gebraten und alles andere erhitzt werden muß.

ZUBEREITUNG HÄHNCHENBRUST MIT ANANAS

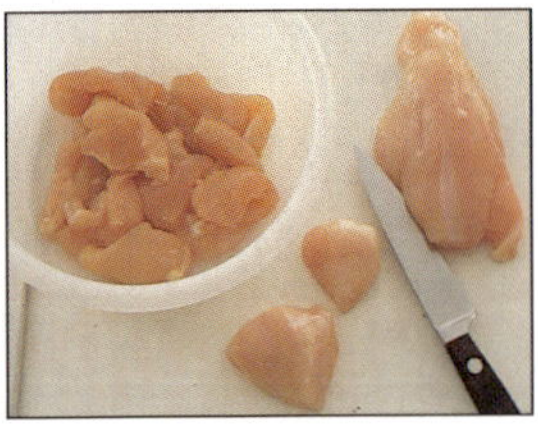

1. Geflügelfleisch in mundgerechte Stücke zerteilen.

2. 2 EL Öl, 1 TL Essig, 2 EL Sojasauce und den Knoblauch mischen.

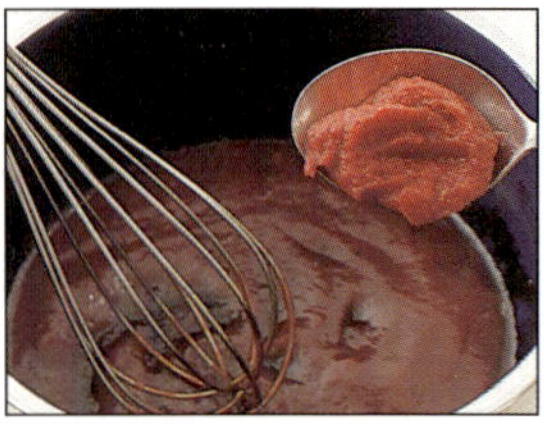

3. 1 EL Tomatenmark zugeben und alles zu einer Marinade verrühren.

4. Marinade zum Geflügelfleisch gießen und untermischen.

5. Etwa 15 Minuten durchziehen lassen, dabei ab und zu umrühren.

6. Ananasstücke auf einem Sieb abtropfen lassen, Saft auffangen.

7. Geputzte Lauchzwiebeln längs vierteln, etwas auseinanderfächern.

8. Ananassaft in einem kleinen Topf fast siruparti g einkochen lassen.

9. Eingekochten Saft mit Zitronensaft und 1 Prise Salz abschmecken.

10. Geflügelfleisch auf einem Sieb abtropfen lassen. Marinade auffangen, zur Sauce geben.

11. Trockengetupftes Fleisch in 1 EL heißem Öl anbraten. Lauchzwiebeln zugeben.

12. Shrimps und Ananas hineinschütten, unter Hin- und Herschwenken erhitzen, würzen.

ZUBEREITUNG GLASNUDELN

1. 80 g Glasnudeln in einer Schüssel mit kaltem Wasser etwa 5 Minuten einweichen.

2. Nudeln herausheben, abtropfen lassen und mit einer Küchenschere in heißes, leicht gesalzenes Wasser schneiden.

3. Etwa 1 Minute darin ziehen lassen. Zum Abtropfen in ein Sieb schütten.

Tips vom Meisterkoch

Dieses Gericht schmeckt auch ausgezeichnet mit Putenbrustfleisch. Eine pikante Note erhält das Geflügelfleisch, wenn man die Marinade (Würzflüssigkeit, die das Fleisch aromatisiert und besonders mürbe macht) mit etwas Sherry würzt. Wird eine größere Menge zubereitet, empfiehlt es sich, frische Ananas für dieses Rezept zu verwenden. Den Ananassaft für die Sauce dann extra in einer Flasche kaufen.

Bei Tisch

Hähnchenbrust mit Ananas und Glasnudeln kann als Zwischen- oder Hauptgericht serviert werden. Die süßsaure Ananassauce separat dazu reichen oder jeweils etwas davon auf die fertig angerichteten Teller geben. Die Glasnudeln sind nicht ganz einfach zu essen, weil sie sehr leicht von der Gabel gleiten. Deshalb sicherheitshalber Eßlöffel mitdecken. Weinempfehlung: Ein weißer Burgunder (z. B. Pouilly Fumé, sprich: pujie fümeh) oder ein badischer Riesling (Klingelberger).

Wenn etwas übrigbleibt

Übrige Glasnudeln aus der Packung wie oben beschrieben zubereiten und als Einlage in eine Suppe geben. Beispielsweise bei dem "Suppentopf mit Gemüse und Rindfleisch" die Kartoffeln weglassen und die Nudeln zum Schluß in die heiße Brühe geben. Wenn eine große Dose Ananasstücke gekauft wurde, die restlichen Früchte zum Aufbewahren aus der Dose nehmen, damit sie keinen Metallgeschmack bekommen. In ein Glas- oder Porzellangefäß füllen. Für einen Obstsalat verwenden oder pürieren und mit Milch mixen.

Putenbrustroulade mit Geflügellebersauce und Gurken-Tomaten-Gemüse

EINKAUF

2 Putenbrustschnitzel

Putenbrust ist sehr eiweißreich und fettarm. Zwei möglichst gleich große Schnitzel von einer ausgelösten Brusthälfte verlangen.

75 g Hackfleisch

Für dieses Rezept mageres Kalbshackfleisch kaufen.

1 Stück Geflügelleber

Besonders zart: Putenleber. Alternative: Hähnchenleber.

4 Champignons

Wahlweise weiße oder die im Geschmack intensiveren rosa Champignons.

3 Schalotten

1 Zitrone

1 kleine Salatgurke

4 mittelgroße Tomaten

Pistazienkerne

Grüne, sehr fetthaltige, geschälte Kerne der Pistazie, eines in den Mittelmeerländern wachsenden Baumes.

1 Ei

Süße Sahne

ZUTATEN

Für 2 Personen

Putenbrustroulade

300 g Putenbrustschnitzel
75 g Hackfleisch
1 Ei
2 EL süße Sahne
75 g Champignons
3 Schalotten (100 g)
1 TL Butter
1 EL Öl
1 EL Pistazien (15 g)
1/8 l Wasser
75 g Geflügelleber
1 Zitrone
Salz, Pfeffer

Gemüse

1 Salatgurke (400 g)
200 g Tomaten
30 g Butter
Salz, Pfeffer

Garniervorschlag:
Gemüse mit grob gemahlenem schwarzen Pfeffer bestreuen

GERÄTE

Handrührgerät mit Pürierstab oder Mixer
Pfanne
3 Kochtöpfe
Litermaß
2 Rührschüsseln
1 Schälchen
Sieb
Bratenwender
Schneebesen
Zitronenpresse
Küchengarn
Gefrierfolie

ZEIT

Vorbereitung:
ca. 15 Minuten

Zubereitung:
ca. 35 Minuten

NÄHRWERT

pro Person

Putenbrustroulade mit Geflügellebersauce:

Kalorien (kcal):	420
Joule (kJ):	1760
Eiweiß (g):	18
Fett (g):	16
Kohlenhydrate (g):	8

Gemüse:

Kalorien (kcal):	150
Joule (kJ):	630
Eiweiß (g):	2
Fett (g):	13
Kohlenhydrate (g):	5

Insgesamt:

Kalorien (kcal):	570
Joule (kJ):	2390
Eiweiß (g):	20
Fett (g):	29
Kohlenhydrate (g):	13

VORBEREITUNG

1. Champignons säubern. Erst kurz vor dem Andünsten fein hacken, sonst werden sie braun.
2. Schalotten fein hacken.
3. Pistazien grob hacken.

Arbeitsablauf: Eine Stunde vor dem Servieren Rouladen vorbereiten und schmoren, Gemüse vorbereiten, kurz vor dem Servieren zerkleinern und dünsten. Rouladen warmstellen und die Geflügellebersauce zubereiten.

ZUBEREITUNG PUTENBRUSTROULADE

1. Eine gehackte Schalotte und die Champignons in 1 TL Butter andünsten.

2. Hackfleisch und Ei mit einem Pürierstab oder im Mixer pürieren.

3. Nach und nach 2 EL Sahne unterquirlen. Leicht salzen, pfeffern.

4. Abgekühlte Champignons und gehackte Pistazien untermischen.

5. Putenschnitzel zwischen zwei Folienblätter legen und flachklopfen.

6. Leicht würzen, mit der Hackmasse bestreichen, 1 cm Rand freilassen.

7. Nicht zu fest aufrollen; mit Küchengarn zusammenbinden.

8. 1 EL Öl erhitzen und die Rouladen rundherum goldbraun anbraten.

9. Schalottenwürfel kurz mitbraten, ⅛ l Wasser aufgießen, aufkochen.

10. Zugedeckt 20 Minuten schmoren lassen.

11. Rouladen aus der Schmorflüssigkeit heben. Abgetropft warm stellen.

12. Schmorflüssigkeit durch ein Sieb gießen, Sauce zubereiten.

ZUBEREITUNG GEFLÜGELLEBERSAUCE

1. 75 g Geflügelleber, 1 TL Zitronensaft, sowie 1 Prise Salz und Pfeffer mit einem Pürierstab oder im Mixer pürieren.

2. Durch ein feines Sieb in eine kleine Pfanne oder einen Topf streichen.

3. Die etwas abgekühlte Schmorflüssigkeit der Rouladen unter ständigem Rühren dazugeben. Leicht erwärmen.

ZUBEREITUNG GURKEN-TOMATEN-GEMÜSE

1. Salatgurke schälen, längs halbieren und die Kerne mit einem Löffel herausschaben. Gurkenhälften in 2 cm breite Stücke schneiden.

2. Von vier Tomaten den Stielansatz keilförmig herausschneiden. Tomaten 3–4 Sekunden in kochendes Wasser tauchen, in kaltem Wasser abkühlen, abziehen, halbieren, entkernen und vierteln.

3. Gurkenstücke in 30 g Butter andünsten. Nach 2 Minuten Tomaten zugeben, kurz miterhitzen. Mit einer Prise Salz und Pfeffer würzen.

Tips vom Meisterkoch

Die raffinierte Variante der Geflügellebersauce: Mit einem Eßlöffel Cognac und einem gehackten Sardellenfilet würzen. Wichtig: Die Sauce darf beim Erwärmen nicht mehr kochen, da die Geflügelleber sonst gerinnen und ausflocken würde. Eine zusätzlich untergerührte Butterflocke macht die Sauce samtig und bewirkt eine leichte Bindung. Das Gemüse wird mit einer gehackten Schalotte und ein bis zwei Eßlöffel Schnittlauchröllchen noch pikanter.

Bei Tisch

Vor dem Servieren das Küchengarn von den Rouladen entfernen. Rouladen mit einem scharfen Messer in 1 cm dicke Scheiben schneiden. Als Zwischen- oder Hauptgericht geeignet. Weitere Beilagenvorschläge: Gedämpfte Kartoffeln, Herzoginkartoffeln, Kartoffelkroketten. Das Gurken-Tomaten-Gemüse ist auch eine ideale Beilage zu kurzgebratenen Fleisch- und Fischstücken. Weinempfehlung: Ein Weißwein, z. B. ein Kerner aus Württemberg, oder ein Sancerre (sprich: ßañßär) von der Loire.

Rosa gebratene Entenbrust auf rotem Paprika mit Herzoginkartoffeln

EINKAUF

1 kleine Entenbrust

Beim Geflügelhändler oder in Frischgeflügelabteilungen der Kaufhäuser auch ausgelöst (ohne Brustknochen) erhältlich. Zwei kleine Brusthälften aussuchen.

2–3 rote Paprikaschoten

Rote Paprikaschoten haben ein besonders saftiges, leicht süßliches Fruchtfleisch mit sehr hohem Vitamin-C-Gehalt. Beste Wahl: Glatte, feste Schoten ohne schlechte Stellen (eine schon kann den Geschmack verderben).

100 g Schalotten

Kleine, aromatische Gewürzzwiebelsorte, die besonders schnell gart.

5 mittelgroße Kartoffeln

1 Ei

Crème fraîche

Milde, feinsäuerliche, cremige Sahne mit einem Fettgehalt zwischen 30 und 40 Prozent.

Rotwein (trocken)

Muskatnuß

Frisch geriebene Muskatnüsse würzen intensiver als gekauftes Pulver.

ZUTATEN

Für 2 Personen

Entenbrust

2 Entenbrusthälften
à ca. 200 g
1 TL Öl
⅛ l Rotwein
75 g Crème fraîche
Salz, Pfeffer

Paprikaschoten

500 g Paprikaschoten
1 EL Butter (15 g)
100 g Schalotten
Salz

Herzoginkartoffeln

375 g Kartoffeln
3 TL Butter (15 g)
1 Eigelb
1 Msp Muskat
Salz

Garniervorschlag:
½ TL eingelegter grüner oder roter Pfeffer

GERÄTE

Backofen
Pfanne
2 Kochtöpfe
Litermaß
Fleischgabel oder Bratenwender
Haarsieb
Schneebesen
Kartoffelpresse oder -stampfer
Spritzbeutel (Sterntülle)
Geschirrtuch

ZEIT

Vorbereitung:
ca. 30 Minuten

Zubereitung:
ca. 30 Minuten

NÄHRWERT

pro Person

Entenbrust auf rotem Paprika

Kalorien (kcal):	710
Joule (kJ):	2980
Eiweiß (g):	30
Fett (g):	50
Kohlenhydrate (g):	16

Herzoginkartoffeln:

Kalorien (kcal):	230
Joule (kJ):	960
Eiweiß (g):	5
Fett (g):	10
Kohlenhydrate (g):	28

Insgesamt:

Kalorien (kcal):	940
Joule (kJ):	3940
Eiweiß (g):	35
Fett (g):	60
Kohlenhydrate (g):	44

VORBEREITUNG

Kartoffeln schälen, in kaltem Wasser waschen und in leicht gesalzenem Wasser in ca. 20 Minuten zu Salzkartoffeln kochen (im Schnellkochtopf ca. 6 Minuten).
Paprikaschoten längs halbieren und entkernen. Restliche Kerne unter kaltem Wasser herausspülen. Schalotten fein hacken.
Arbeitsablauf:
Paprikaschoten anrösten (Phasenfotos 1–3 nächste Seite).
In der Zwischenzeit die Kartoffelmasse für die Herzoginkartoffeln vorbereiten. Paprikaschoten aus dem Backofen nehmen und Herzoginkartoffeln in den Ofen schieben. Entenbrust zubereiten.

ZUBEREITUNG ROTE PAPRIKASCHOTEN (1–5 und 12)
ZUBEREITUNG ROSA GEBRATENE ENTENBRUST (6–11)

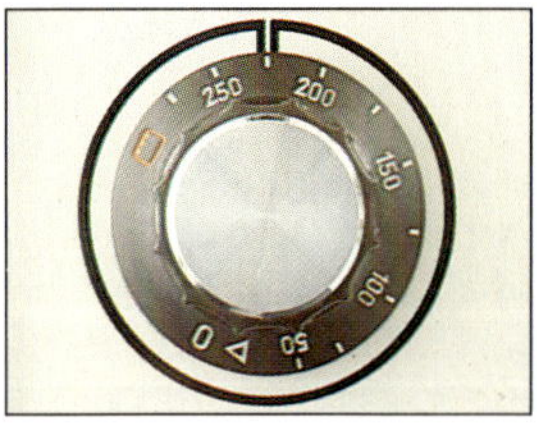

1. Backofen auf 225 Grad vorheizen (wenn vorhanden, nur Oberhitze).

2. Paprikaschoten mit der Hautseite nach oben auf ein Backblech legen.

3. Im vorgeheizten Backofen etwa 5–7 Minuten anrösten.

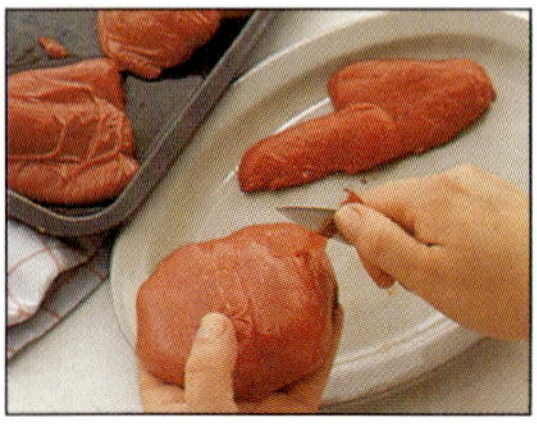

4. Herausnehmen, etwas abkühlen lassen und die gelöste Haut abziehen.

5. Fruchtfleisch zuerst in Streifen, dann in Rauten schneiden (oder würfeln).

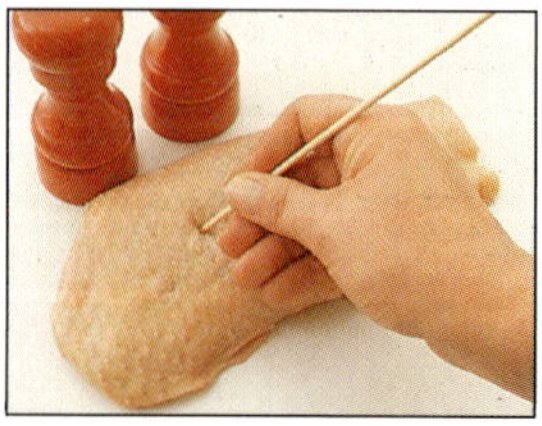

6. Haut der trockengetupften Entenbrüste einstechen, salzen, pfeffern.

7. Bei mittlerer Hitze in 1 TL Öl von jeder Seite 2 Minuten anbraten.

8. Kochplatte auf geringe Hitze herunterschalten, 5 Minuten weiterbraten.

9. Auf einem vorgewärmten Teller 5 Minuten ruhen lassen (wenden).

10. Wein angießen, Bratensatz lösen. Flüssigkeit durch ein Sieb in einen kleinen Topf geben.

11. Crème fraîche und Bratensaft vom Teller zugeben, aufkochen. Mit 1 Prise Salz abschmecken.

12. Schalottenwürfel in 1 EL Butter andünsten. Paprika darin heißschwenken, leicht salzen.

ZUBEREITUNG HERZOGINKARTOFFELN

1. Restwasser der abgegossenen Kartoffeln im offenen Topf verdampfen lassen.

2. Kartoffeln durch eine Kartoffelpresse drücken oder im Topf zerstampfen. Backofen auf 200 Grad vorheizen.

3. 1 Eigelb und 2 TL weiche Butter, eine Prise Salz und Muskat unter die Kartoffelmasse rühren.

4. Kartoffelmasse in einen Spritzbeutel mit Sterntülle füllen. Gegen die Hitze ein Geschirrtuch darumlegen.

5. Backblech mit wenig Butter einfetten. Kartoffelmasse portionsweise (Rosetten oder Sterne) daraufspritzen.

6. Restliche Butter geschmolzen darüberträufeln. Im vorgeheizten Backofen in 10–15 Minuten goldbraun backen.

Tips vom Meisterkoch

Die rosa gebratene Entenbrust ist sehr saftig und delikat im Geschmack. Am besten geeignet: Junge, aus Frankreich importierte Barbarie-Enten oder mit Körnern gefütterte junge Freiland- oder Flugenten. Sie sind zarter, saftiger und haben weniger Fett als Frühmastenten. Wichtig bei der Zubereitung ist die Ruhezeit. Dabei muß die Entenbrust mehrfach gewendet werden, damit sich der Fleischsaft im Innern gut und gleichmäßig verteilt. Der Fleischsaft, der sich dabei auf dem Teller bildet, ist für die Sauce als geschmackliche Abrundung unerläßlich.

Bei Tisch

Vor dem Servieren wird die Entenbrust quer zur Fleischfaser schräg aufgeschnitten und dekorativ mit den Paprikarauten und Herzoginkartoffeln angerichtet. Die Sauce kann separat gereicht werden. Bei einem mehrgängigen Menü reicht die Fleischmenge auch für vier Personen. Die rosa gebratene Entenbrust kann man auch lauwarm zu einem Salat als Vorspeise reichen. Weinempfehlung: Ein trockener Rotwein, Spätburgunder oder Hermitage (sprich: ermitahsch).

Wenn etwas übrigbleibt

AUFBEWAHREN

Kühlschrank: Gebratene Entenbrust in Folie eingewickelt einen Tag.
Einfriertip: Ungebackene Kartoffelmasse auf ein mit Aluminiumfolie bespanntes Brettchen spritzen und einfrieren. Nach dem Erstarren in Gefrierbeutel verpacken. Bei späterer Verwendung gefroren in den vorgeheizten Backofen legen und etwa 5–8 Minuten länger backen.

ENTENRAGOUT

1. Gebratene Entenbrust (250 g) grob würfeln.
2. Eine gewürfelte Schalotte in etwas Butter andünsten. Fleisch zugeben.
3. ⅛ l Rotwein aufgießen und alles zugedeckt 20 Minuten bei geringer Hitze schmoren.
4. 100 g blättrig geschnittene Champignons und 2 EL Crème fraîche zugeben. Kurz aufkochen.
Mit wenig Salz und Pfeffer abschmecken.

Enten-Pot-au-feu

EINKAUF

1 Ente

Eine möglichst magere, frische Ente verlangen. Vom Geflügelhändler zerteilen (Brusthälften und Keulen ablösen) lassen. Knochen und Innereien mitgeben lassen.

6–8 mittelgroße Möhren

Junge Möhren, die im Frühsommer angeboten werden, sind besonders zart. Sonst Möhren mit frischem Grün kaufen.

6–8 Kartoffeln

Sorte: Fest- oder vorwiegend festkochende Kartoffeln. Kleine, runde Kartoffeln aussuchen, die nicht zerteilt werden müssen.

5 weiße Rübchen

Feste, knackige weiße Rübchen (Teltower Rübchen oder Navets). Alternative: Eine halbe Sellerieknolle.

3 kleine Lauchstangen

Jungen, sehr zarten Lauch verlangen.

100 g grüne Bohnen

Beste Wahl: Dünne, sehr zarte Kenia- oder Prinzeßbohnen.

Schnittlauch

ZUTATEN

Für 4 Personen

1 Ente (ca. 2 kg)
1 l Wasser
400 g Möhren
5 weiße Rübchen (250 g)
250 g Kartoffeln
200 g Lauch
100 g grüne Bohnen
½ Bund Schnittlauch
2 TL Essig
Salz, Pfeffer

GERÄTE

Schnellkochtopf mit Siebeinsatz
Litermaß
Rührschüssel
Sieb
Schaumkelle

ZEIT

Vorbereitung:
ca. 15 Minuten

Zubereitung:
ca. 30 Minuten,
ohne Schnellkochtopf
ca. 1 Stunde

NÄHRWERT

pro Person

Kalorien (kcal):	1070	
Joule (kJ):	4490	
Eiweiß (g):	75	■
Fett (g):	69	■
Kohlenhydrate (g):	20	□

VORBEREITUNG

1. Entenknochen mit einem großen Messer leicht einschlagen und grob zerteilen, damit das Mark beim Kochen herausziehen kann.
Die Haut an den Keulenenden etwas von den Knochen lösen.
2. Möhren, Kartoffeln und weiße Rübchen schälen. Schalen von Möhren und Rübchen zum Auskochen beiseite legen. Das Gemüse in Form schnitzen oder würfeln.
3. Wurzelansatz und dunkles Grün vom Lauch abschneiden, ebenfalls beiseite legen. Lauch erst kurz vor dem Garen (Phasenfoto 10) in feine Streifen schneiden.
4. Stielansätze und Spitzen von den Bohnen abbrechen.
5. Schnittlauch in Röllchen schneiden und mit 2 TL Essig, ca. ¼ TL Salz und etwas Pfeffer verrühren und zum Würzen der Brühe beiseite stellen.
Tip: An den ausgekochten Entenknochen sitzt noch schmackhaftes Fleisch. Also nicht wegwerfen (siehe "Wenn etwas übrigbleibt").

ZUBEREITUNG ENTEN-POT-AU-FEU

1. Knochen und Innereien (bis auf Leber) mit 1 l Wasser in den Topf geben.

2. Gemüseschalen und dunkelgrüne Lauchblätter ebenfalls hineinlegen.

3. Alles bei starker Hitze aufkochen, dabei den Schaum abschöpfen.

4. Entenkeulen im Siebeinsatz in den Topf stellen, Topf verschließen.

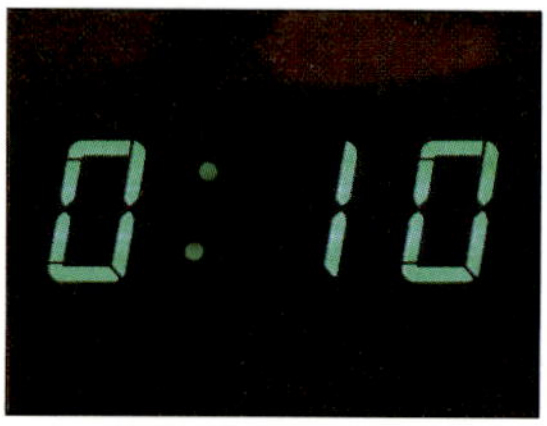

5. Druck aufbauen und 10 Minuten bei geringer Hitze garen.

6. Den Topf unter fließendes kaltes Wasser halten und drucklos machen.

7. Öffnen, Siebeinsatz herausnehmen, Brühe durch ein Sieb gießen.

8. Kartoffeln, Möhren, Rübchen und die Brühe in den Topf zurückgeben.

9. Aufkochen, Siebeinsatz in den Topf stellen, Entenbrüste hineinlegen.

10. Topf verschließen, Druck aufbauen und bei geringer Hitze weitere 3–4 Minuten garen.

11. Topf drucklos machen, öffnen, Siebeinsatz herausheben. Entenbrust aufschneiden.

12. Lauch und Bohnen in den Topf geben, 3 Minuten garen. Mit der Würzmischung abschmecken.

Tips vom Meisterkoch

Am besten geeignet sind fleischige, mit Körnern gefütterte Freiland- oder Flugenten. Sie sind zarter, saftiger und fettärmer als Frühmastenten. Die Brühe erhält ihren kräftigen Geschmack durch das Aufkochen der Entenknochen (in der Fachsprache Karkassen genannt), während die Keulen und die zarte Brust schonend und kurz gegart werden. Entenkeulen und -brust kommen erst kurz vor dem Servieren mit der Brühe in Berührung, wenn sie erwärmt werden. Sie können also nicht auslaugen und behalten ihren Eigengeschmack. Sollte die Brühe fettig sein (Phasenfoto 7), einfach die obenschwimmende Fettschicht vorsichtig mit einer kleinen Suppenkelle abschöpfen. Weiteres Fett mit saugfähigem Küchenpapier aufsaugen.

Bei Tisch

Pot au feu (sprich: pottoföh) wird im Original-Rezept mit Fleisch (Ochsenbein) zubereitet; es gehört in Frankreich zu den beliebtesten Gerichten. Das Enten-Pot-au-feu ist die Feinschmecker-Variation. Man kann auch zwei Menügänge daraus machen, indem man zuerst die Brühe mit einem rohen Eigelb serviert und dann Entenbrust, Keulen und Gemüse. Weinempfehlung: Ein roter Burgunder oder ein deutscher Spätburgunder.

Wenn etwas übrigbleibt

AUFBEWAHREN

Kühlschrank: Ein bis zwei Tage. Verwendungstip für Entenleber: Rosa braten und aufgeschnitten mit einem Salat servieren.
Gefriergerät: Zwei bis drei Monate.
Tip: Fleisch und Gemüse getrennt einfrieren. Gefrorene Brühe in einen Topf geben, langsam auftauen und erhitzen. Fleisch und Gemüse in der heißen Brühe auftauen und erwärmen.

ENTENKLOPSE

1. Übriges Entenfleisch und abgelöste Reste von den Entenknochen grob zerkleinern. Die Menge sollte ungefähr 250 g ergeben. Mit einem Pürierstab zerkleinern oder durch einen Fleischwolf drehen.
2. Ein altbackenes Brötchen in ⅛ l lauwarmer Milch einweichen.
3. Eine Schalotte fein würfeln und ein Bund Schnittlauch in Röllchen schneiden.
4. Püriertes Fleisch, ein Ei, Schalottenwürfel, Schnittlauchröllchen, Salz und Pfeffer mischen.
5. Eingeweichtes Brötchen gut ausdrücken und unterkneten. Masse kräftig abschmecken und daraus Klopse formen.
6. In heißer Butter von jeder Seite bei geringer Hitze ca. 5 Minuten braten.

Kalbsleber mit Cassis-Sauce

EINKAUF

1 großes Stück Kalbsleber

Kalbsleber ist die zarteste und feinste Leber. Sie hat einen hohen Eiweiß- und Mineralstoffgehalt. Ein möglichst längliches, etwa 4 cm dickes, sehnenfreies Stück verlangen.

1 mittelgroßer Apfel

Vorzugsweise eine säuerliche Sorte, z. B. Boskop oder Cox Orange, kaufen.

1 Zitrone

Rotwein

Beste Wahl: Ein trockener Rotwein, denn der Cassissaft ist meist etwas süßlich.

Schwarzer Johannisbeersaft

Das französische Wort für die schwarze Johannisbeere ist Cassis. Aus Frankreich kommen auch die besten Cassissäfte.

ZUTATEN

Für 2 Personen

350 g Kalbsleber
45 g kalte Butter
0,1 l Rotwein
0,1 l Cassissaft
1 Apfel (150 g)
½ Zitrone
Salz

Garniervorschlag:
Zwei Eßlöffel schwarze Johannisbeeren in die Sauce geben

GERÄTE

Kochtopf
Pfanne
Litermaß
Sieb
Bratenwender
Schneebesen
evtl. kleiner Kugelausstecher

ZEIT

Vorbereitung:
ca. 5 Minuten

Zubereitung:
ca. 10 Minuten

NÄHRWERT

pro Person

Kalorien (kcal):	510
Joule (kJ):	2140
Eiweiß (g):	33
Fett (g):	26
Kohlenhydrate (g):	22

VORBEREITUNG

Apfel schälen, entkernen und fein würfeln (evtl. kleine Kugeln ausstechen wie auf dem großen Foto auf der linken Seite). Fruchtfleisch mit Zitronensaft beträufeln, damit es nicht braun wird. Erst beim Anrichten in die Sauce geben.
Arbeitsablauf: Wenn eine Beilage zur Kalbsleber serviert wird, diese immer zuerst zubereiten und warm stellen. In der Zwischenzeit Rotwein und Saft einkochen lassen und die Leber braten.

ZUBEREITUNG KALBSLEBER MIT CASSIS-SAUCE

1. Je 0,1 l Rotwein und Cassissaft in einen Topf gießen und aufkochen.

2. Bei geringer Hitze etwa zur Hälfte einkochen lassen.

3. Leber vorsichtig häuten, ohne sie zu verletzen.

4. Kochplatte auf mittlere Hitze schalten.

5. 20 g Butter in einer Pfanne erhitzen. Leber hineinlegen.

6. Eine halbe Minute anbraten. Kochplatte auf geringe Hitze schalten.

7. Leber wenden. Jede Seite nochmal 2 Minuten braten.

8. Für 2 Minuten auf einen vorgewärmten Teller legen. Einmal wenden.

9. Leber in ½ cm dünne Scheiben schneiden.

10. Bratensatz der Leber mit der eingekochten Flüssigkeit ablösen.

11. Flüssigkeit durch ein feines Sieb in einen kleinen Topf gießen.

12. Kalte Butterflöckchen unterrühren. Mit 1 Prise Salz abschmecken.

BEILAGENVORSCHLAG APFELRÖSTI

1. Zwei große geschälte, gewaschene Kartoffeln und zwei geschälte, entkernte Äpfel grob raspeln (grobe Seite der Allzweckreibe).

2. Kartoffel- und Apfelraspel mischen. 1 TL Butterschmalz in einer Pfanne erhitzen. Hälfte der Raspel hineinschütten, mit einem Löffel etwas zusammendrücken.

3. Von jeder Seite knusprig braun braten, Pfanne dabei auf der Kochplatte hin- und herrütteln. Leicht salzen. Warm stellen. Übrige Raspel braten.

Tips vom Meisterkoch

Besonders raffiniert wird die Cassis-Sauce, wenn sie mit etwas Johannisbeerlikör (Crème de Cassis) abgeschmeckt und vor dem Servieren schaumig aufgemixt wird. Die Apfelkugeln werden weicher, wenn man sie kurz in zwei bis drei Eßlöffel Calvados (Apfelbranntwein) dünstet. Sehr gut passen zur Kalbsleber auch Gemüserösti: Zwei Kartoffeln, eine Möhre und ein Stück Sellerie schälen und waschen; eine kleine Stange Lauch putzen und waschen. Kartoffeln, Möhre und Sellerie grob raspeln, Lauch in feine Streifen schneiden. Alles mischen und leicht salzen. Gemüsemenge in zwei Portionen wie die Apfelrösti von jeder Seite knusprig braun braten. Auf Küchenpapier legen, damit überschüssiges Fett aufgesaugt wird.

Bei Tisch

Kalbsleber mit Cassis-Sauce (sprich: kassi) kann man als Zwischen- oder Hauptgang servieren. Ohne Sauce schmeckt die rosa gebratene Kalbsleber auch zu einem frischen Salat. Weitere Beilagenvorschläge: Kartoffelpüree, Herzoginkartoffeln oder Kroketten. Weinempfehlung: Ein Rotwein, z. B. ein Trollinger aus Württemberg, oder ein Dôle aus der Schweiz (Wallis).

Wenn etwas übrigbleibt

Übrige rohe Kalbsleber in dünne Streifen schneiden und in heißer Butter knusprig braun braten. Restliche Cassis-Sauce dazugießen, alles leicht salzen und mit zwei Eßlöffel Crème fraîche verfeinern.

Kalbsnierenragout mit Brokkoli und Mandeln

EINKAUF

1–2 kleine Kalbsnieren

Beste Wahl: Ganz frische Kalbsnieren. Da nicht täglich Kälber geschlachtet werden, den Metzger am besten einige Tage vorher fragen, wann es frische Kalbsnieren gibt. Ältere Kalbsnieren haben kein glattes, glänzendes Fleisch mehr; außerdem riechen sie unangenehm.

2 Schalotten

Brokkoli (ca. 500 g)

Brokkoli (Spargelkohl) ist ein blumenkohlähnliches Gemüse mit grünen oder purpurfarbenen Knospen. Auf feste, knackige Stiele und geschlossene Knospen achten. Geöffnete oder gelbe Knospen und welke Stiele sind ein Zeichen für schlechte Qualität. Ganzjährig erhältlich.

1 Becher Crème fraîche

Crème fraîche gibt es mit Fettgehalten zwischen 30 und 40 Prozent. Je höher der Fettgehalt, desto sahniger ist der Geschmack. Allerdings ist die Crème dann auch kalorienreicher.

Mandeln

Geschälte, süße Mandeln kaufen. Am besten schon fertig gehobelt.

ZUTATEN
Für 2 Personen

Kalbsnierenragout

500 g Kalbsnieren
1 EL Butter (20 g)
2 Schalotten (60 g)
150 g Crème fraîche
Salz, Pfeffer

Brokkoligemüse

400 g Brokkoli
1 EL Butter (20 g)
1 EL gehobelte Mandeln (ca. 15 g)
ca. ½ TL Salz

GERÄTE

Kochtopf
2 Pfannen (davon 1 kleine, ersatzweise 1 kleiner Kochtopf)
Palette (dünnes, abgerundetes Pfannenmesser) oder
Bratenwender
Schaumkelle
Schöpfkelle

ZEIT

Vorbereitung:
ca. 15 Minuten

Zubereitung:
ca. 25 Minuten

NÄHRWERT
pro Person

Kalbsnierenragout:

Kalorien (kcal):	620
Joule (kJ):	2600
Eiweiß (g):	39
Fett (g):	45
Kohlenhydrate (g):	7

Brokkoligemüse:

Kalorien (kcal):	200
Joule (kJ):	840
Eiweiß (g):	6
Fett (g):	13
Kohlenhydrate (g):	11

Insgesamt:

Kalorien (kcal):	820
Joule (kJ):	3440
Eiweiß (g):	45 ■
Fett (g):	58 ■
Kohlenhydrate (g):	18 □

VORBEREITUNG

Schalotten fein würfeln. Brokkoliröschen von den Stielen schneiden. Dicke Stiele schälen und in mundgerechte Stücke teilen. Röschen und Stiele sollten etwa die gleiche Größe haben, damit sie in der gleichen Zeit gar werden. Die Mandelblättchen können schon angeröstet werden (Phasenfoto 11).
Arbeitsablauf: Zuerst das Ragout zubereiten. 1 l Wasser mit ½ TL Salz in einem Topf aufkochen. Brokkoli hineinschütten und während der Garzeit die Butter zerlassen.

ZUBEREITUNG KALBSNIERENRAGOUT (1–9)
ZUBEREITUNG BROKKOLI MIT MANDELN (10–12)

1. Kalbsniere der Länge nach halbieren.

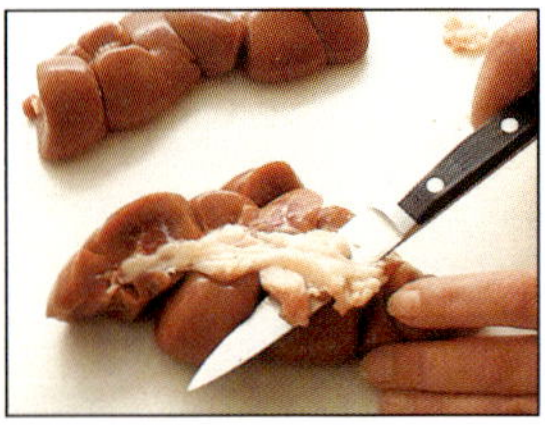

2. Sorgfältig das Fett herausschneiden. Nieren waschen. Trockentupfen.

3. Nierenhälften quer in ca. 1 cm dicke Scheiben schneiden.

4. 1 EL Butter in einer Pfanne bei mittlerer Hitze schmelzen lassen.

5. Nierenscheiben in die mäßig heiße Butter geben.

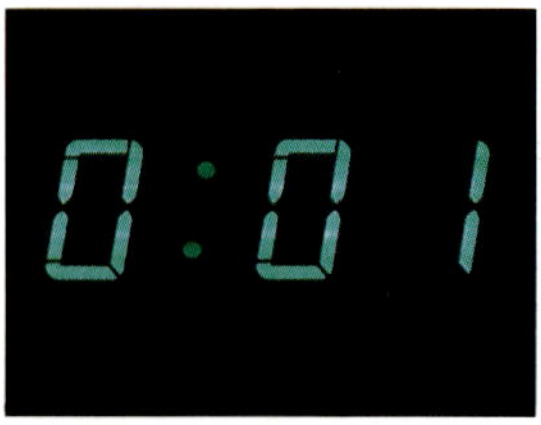

6. Bei geringer Hitze unter Wenden etwa 1 Minute braten.

7. Leicht salzen und pfeffern, Schalottenwürfel dazuschütten, mitdünsten.

8. Crème fraîche zugeben, unterrühren. Kurz durchkochen lassen.

9. Fertiges Ragout nochmals mit Salz und Pfeffer abschmecken.

10. Brokkoli in kochendem Salzwasser 1 Minute blanchieren, herausheben und abtropfen lassen.

11. 1 EL Mandelblättchen in einer Pfanne leicht anrösten und auf einem Teller beiseite stellen.

12. Butter in die Pfanne geben, kurz aufschäumen lassen. Über den Brokkoli träufeln.

Tips vom Meisterkoch

Nieren haben einen ausgeprägten Eigengeschmack und gelten deshalb bei Feinschmeckern als ausgesprochene Delikatesse.
Kalbsnieren sind von allen Sorten die zartesten. Ganz wichtig ist jedoch, daß das Fett gründlich entfernt wird. Denn während der kurzen Garzeit kann es nicht vollständig zerlaufen; das Nierenfleisch wird dadurch schwammig und zäh. Ein weiterer wichtiger Punkt: Die Butter darf beim Anbraten der Nierenscheiben auf keinen Fall bräunen, weil die Sauce sonst gesprenkelt aussieht und auch geschmacklich an Klasse verliert. Das Brokkoligemüse wird noch feiner, wenn man nur die Röschen verwendet. Aus den dicken Stielen läßt sich eine sehr schmackhafte Suppe zubereiten, siehe "Wenn etwas übrigbleibt".
Variante zu den gerösteten Mandelblättchen: geröstete Semmelbrösel.

Bei Tisch

Das Kalbsnierenragout mit Brokkoli und Mandeln serviert man als Hauptgang. Der gut abgetropfte Brokkoli wird mit der zerlassenen Butter beträufelt, ehe man die angerösteten Mandelblättchen darüberstreut. Das Ragout schmeckt auch mit körnig gekochtem Reis sehr gut. Das Brokkoligemüse eignet sich ausgezeichnet als Beilage zu Kalbsmedaillons oder Schweinelendchen.
Weinempfehlung: Ein Chianti Classico (sprich: kjanti klassiko) oder ein kräftiger Rosé (z. B. von der Côte de Provence).

Wenn etwas übrigbleibt

AUFBEWAHREN

Kühlschrank: Brokkoligemüse ein bis zwei Tage.
Gefriergerät: Rohe Kalbsnieren kann man gut Einfrieren. Allerdings müssen sie sehr frisch sein. In Gefrier- oder Aluminiumfolie verpacken. Lagerzeit etwa drei Monate. Zugedeckt im Kühlschrank etwa 4–5 Stunden auftauen lassen.
Tip: Nieren vorher halbieren und das Fett herausschneiden, dann tauen sie schneller auf.

GEBRATENE KALBSNIEREN

1. Kalbsnieren wie auf der linken Seite beschrieben, in Scheiben schneiden.
2. 2 EL Olivenöl in einer Pfanne erhitzen, eine gewürfelte Schalotte darin andünsten.
3. Nierenscheiben dazuschütten. Unter Wenden 1–2 Minuten braten.
Mit einer Prise Salz, Pfeffer und 2 EL feingeschnittenem frischen Basilikum abschmecken.

BROKKOLISUPPE

1. Restlichen frischen Brokkoli (ca. 100 g) putzen und grob zerkleinern (Stiele schälen).
2. Eine gewürfelte Schalotte in 1 EL heißer Butter andünsten.
3. Brokkoli zugeben und ¼ l süße Sahne aufgießen. Zugedeckt ca. 10–15 Minuten bei geringer Hitze garen. Übrigen gegarten Brokkoli 5 Minuten mitgaren.
4. Alles pürieren, mit wenig Salz und Zitronensaft abschmecken.

Kalbsmedaillons mit Kräuterbuttersauce und Kurkumanudeln

EINKAUF

4 Kalbsmedaillons

Kalbfleisch ist hellrosa, fettarm und leicht verdaulich. Vom Metzger vier etwa 80 g schwere Medaillons aus einem nicht zu großen Filet schneiden lassen. Größere Filets stammen von hochgemästeten Kälbern, deren Fleisch wäßrig schmecken kann.

6–8 feste Tomaten

Basilikum (frisch)

2 Bund glatte Petersilie

1 Zitrone

Knoblauch

¼ l süße Sahne

Hartkäse

Beste Wahl: Emmentaler mit 45 Prozent Fettgehalt. Ersatzweise einen anderen Hartkäse, z. B. alten Gouda nehmen.

Butter

Nudeln

Sorte nach Wunsch. Eventuell die Nudeln selbst herstellen (siehe Rezept "Tagliatelle").

Kurkuma

Kurkuma (Gelbwurz) dient zugleich als Gewürz und als gelber Farbstoff. Gemahlen in Feinkost- oder indischen Spezialitätengeschäften erhältlich. Kurkuma ist eines der Gewürze, aus denen Curry gemischt wird.

ZUTATEN

Für 2 Personen

Kalbsmedaillons mit Basilikum-Tomaten

320 g Kalbsfilet
1 EL Öl
500 g Tomaten
1 TL Olivenöl
8 – 10 Basilikumblätter
Salz, Pfeffer

Kräuterbutter-Sauce

1½ Bund Petersilie
50 g weiche Butter
½ Zitrone
1 Msp Knoblauch
¼ l süße Sahne
20 g Hartkäse
Salz

Kurkumanudeln

75 g Nudeln
¾ l Wasser
1 EL Öl
20 g Butter
1 TL Kurkuma
Salz

Garniervorschlag:
Basilikumblättchen

GERÄTE

4 Kochplatten
3 Kochtöpfe
Pfanne
Litermaß
2 Schälchen
Palette oder Bratenwender
Schneebesen
Zitronenpresse
Reibe (fein)

ZEIT

Vorbereitung:
ca. 20 Minuten

Zubereitung:
ca. 25 Minuten

NÄHRWERT

pro Person

Kalbsmedaillons:	
Kalorien (kcal):	280
Joule (kJ):	1180
Eiweiß (g):	34
Fett (g):	10
Kohlenhydrate (g):	8
Kräuterbutter-Sauce:	
Kalorien (kcal):	630
Joule (kJ):	2650
Eiweiß (g):	6
Fett (g):	63
Kohlenhydrate (g):	5
Kurkumanudeln:	
Kalorien (kcal):	270
Joule (kJ):	1130
Eiweiß (g):	5
Fett (g):	14
Kohlenhydrate (g):	27
Insgesamt:	
Kalorien (kcal):	1180
Joule (kJ):	4960
Eiweiß (g):	45
Fett (g):	87
Kohlenhydrate (g):	40

VORBEREITUNG

Kalbsmedaillons mit Basilikum-Tomaten:
1. Tomaten 3–4 Sekunden in kochendes Wasser tauchen, in kaltem Wasser abschrecken und die Haut abziehen.
2. Tomaten halbieren, entkernen und das Fruchtfleisch würfeln.
3. Basilikum kurz vor dem Servieren schneiden.

Kräuterbutter-Sauce:
1. Petersilie hacken.
2. Hälfte der Petersilie mit Butter, Zitronensaft, 1 Msp zerdrücktem Knoblauch und Salz vermischen. Beiseite stellen.
3. Käse fein reiben.

ZUBEREITUNG KRÄUTERBUTTERSAUCE (1 – 6)
ZUBEREITUNG KALBSMEDAILLONS MIT BASILIKUM-TOMATEN (7 – 12)

1. ¼ l süße Sahne und 20 g geriebenen Käse in einem Topf verrühren.

2. Kochplatte auf mittlere Hitze schalten.

3. Sahne-Käse-Mischung unter ständigem Rühren aufkochen.

4. Etwa 5 Minuten bei geringer Hitze einkochen. Dabei weiterrühren.

5. Wenn sich Bläschen auf der Oberfläche bilden, Sauce vom Herd nehmen.

6. Gehackte Petersilie und Kräuterbutter unterrühren (nicht kochen!).

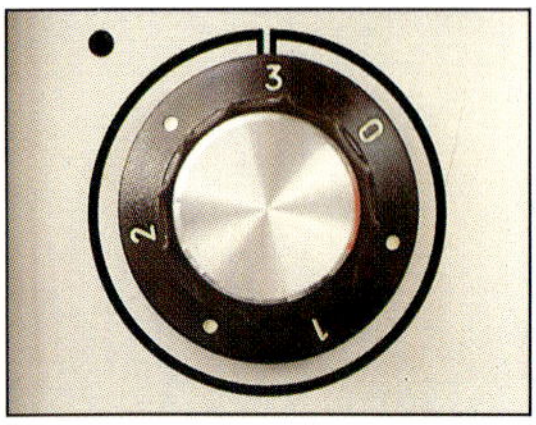

7. Kochplatte auf starke Hitze schalten. 1 EL Öl in einer Pfanne erhitzen.

8. Kalbsmedaillons in das heiße Öl legen. Je Seite ½ Minute anbraten.

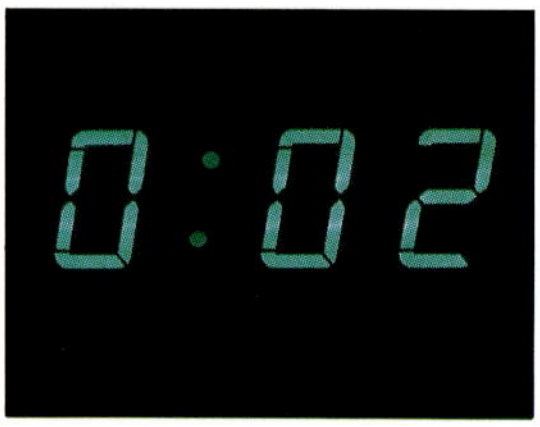

9. Bei geringer Hitze insgesamt 2 Minuten weiterbraten.

10. Zwischendurch wenden. Mit 1 Prise Salz und Pfeffer würzen.

11. Vorbereitete Tomatenwürfel in 1 TL heißes Olivenöl schütten.

12. Topf hin- und herrütteln. Mit Basilikum, Salz und Pfeffer abschmecken.

ZUBEREITUNG KURKUMANUDELN

1. ¾ l Wasser mit ½ TL Salz, 1 TL Kurkuma und 1 EL Öl aufkochen.

2. 75 g Nudeln hineinschütten und je nach Sorte 5–7 Minuten kochen.

3. Zur Garprobe eine Nudel herausfischen. Sie soll Biß haben (al dente).

4. Nudeln in ein Sieb schütten, kalt abbrausen und abtropfen lassen.

5. Nudeln zurück in den Kochtopf schütten und 1 EL Butter zugeben.

6. Topf auf der Kochplatte hin- und herrütteln. Nudeln mit 1 Prise Salz würzen.

Tips vom Meisterkoch

Verfeinern läßt sich die Sauce mit zwei Eßlöffel trockenem weißen Wermut (extra dry). Wermutweine sind stark alkoholhaltige Weine (15–18 %), die mit Wermutkraut aromatisiert werden. Die besten Sorten kommen aus Norditalien und Frankreich. Vor dem Servieren die Sauce kräftig durchrühren oder schaumig aufmixen. Die Basilikum-Tomaten würzen Meisterköche zusätzlich mit ein bis zwei Tropfen Sherry-Essig und einer Messerspitze zerdrücktem Knoblauch.

Bei Tisch

Kalbsmedaillons mit Basilikum-Tomaten, Kräuterbuttersauce und Kurkumanudeln sind innerhalb eines Menüs ein köstlicher Hauptgang. Figurbewußte können das Gericht ohne die kalorienhaltige Sauce essen. Die Kurkumanudeln sind auch eine originelle Beilage zu anderen Gerichten, die mit Sauce serviert werden. Kurkuma wirkt übrigens appetitanregend. Die Basilikum-Tomaten sind ideale Begleiter zu pochiertem oder gedämpftem Fischfilet. Weinempfehlung: Ein Gericht, das einen großen weißen Burgunder (z. B. Meursault, sprich: mörßoh) wert ist! Preiswerte Alternative: Ein deutscher Müller-Thurgau Kabinett (z. B. aus Baden).

Wenn etwas übrigbleibt

Restliche Nudeln kann man ein bis zwei Tage im Kühlschrank aufbewahren. In heißer Butter braten und die Basilikum-Tomaten sowie übriges Basilikum untermischen. Verwendungsvorschlag für kleine Kräuterbuttersaucenreste: Als geschmackliche Verfeinerung unter eine Gemüse- oder Kräuterschaumsuppe rühren. Danach nicht mehr aufkochen, weil die Sauce sonst ausflockt.

Gedämpftes Schweinefilet mit Fenchel

EINKAUF

2 kleine Schweinefilets

Schweinefilet ist von allen Fleischfilets das preiswerteste. Filets vom Metzger parieren lassen (d. h., dünne Häutchen und Sehnen, die das Filet umschließen, entfernen lassen).

1 Bund Suppengemüse

Das Suppengemüse wird für die Zubereitung der Gemüsebrühe benötigt. Je eine Möhre, Lauchstange, Petersilienwurzel und ein Stück Sellerieknolle kaufen.

2 kleine Fenchelknollen

Gemüsefenchel hat einen leicht süßlichen, anisartigen, doch herzhaften Geschmack. Frische, knackige Knollen ohne braune Druckstellen aussuchen.

Zwiebel

1 Zitrone

Thymian

Hocharomatisches, zartbitteres Küchenkraut aus Südeuropa.

Majoran

Beide Kräuter, Thymian sowie Majoran, gibt's frisch als Bund oder in kleinen Töpfen zu kaufen.

Lorbeerblatt

Süße Sahne

Pfefferkörner

ZUTATEN
Für 2 Personen

⅛ l Wasser
1 Bund Suppengemüse
5 Pfefferkörner
½ Lorbeerblatt
500 g Fenchelknollen
1 Zwiebel
1 Zitrone
1 TL Butter (10 g)
360 g Schweinefilet
2 Zweige Thymian
2 Zweige Majoran
0,1 l süße Sahne
Salz

Garniervorschlag:
Etwas Fenchelgrün

GERÄTE

Schnellkochtopf mit Siebeinsatz
Pfanne
Kochtopf
Litermaß
Sieb
Bratenwender
Schneebesen
Schaumkelle
Zitronenpresse
Küchenpinsel

ZEIT

Vorbereitung:
ca. 20 Minuten

Zubereitung:
ca. 20 Minuten, ohne Schnellkochtopf ca. 45 Minuten

NÄHRWERT
pro Person

Kalorien (kcal):	670
Joule (kJ):	2860
Eiweiß (g):	42
Fett (g):	38
Kohlenhydrate (g):	25

VORBEREITUNG

1. Suppengemüse gründlich mit kaltem Wasser säubern und fein würfeln.
2. Mit ⅛ l Wasser in den Schnellkochtopf geben und bei starker Hitze aufkochen.
3. Grob zerdrückte Pfefferkörner, ½ Lorbeerblatt und eine Prise Salz zugeben. Topf verschließen und Druck aufbauen.
4. Auf der Schnellkochstufe 5 Minuten garen.
5. Topf drucklos machen (abdampfen), öffnen und die Brühe durch ein Sieb gießen. Ausgelaugtes Suppengemüse wegwerfen. Topf säubern.
6. Zwiebel fein würfeln.
7. Wurzelansatz und Stiele von den Fenchelknollen abschneiden. Äußere schadhafte Blätter entfernen. Fenchelgrün zum Garnieren beiseite legen.
8. Schnellkochtopf mit Butter ausstreichen.

Arbeitsablauf: Die Gemüsebrühe schon am Vortag zubereiten.
Gemüse und Fleisch im leeren Schnellkochtopf warm stellen, während die Sauce zubereitet wird. Fleisch erst dann aufschneiden, wenn die Sauce fertig ist.

ZUBEREITUNG GEDÄMPFTES SCHWEINEFILET

1. Zwiebelwürfel, Fenchel und 1 EL Zitronensaft in den Topf geben.

2. 1 Prise Salz zufügen. Kochplatte auf starke Hitze schalten.

3. 0,1 l Gemüsebrühe aufgießen. Topf verschließen.

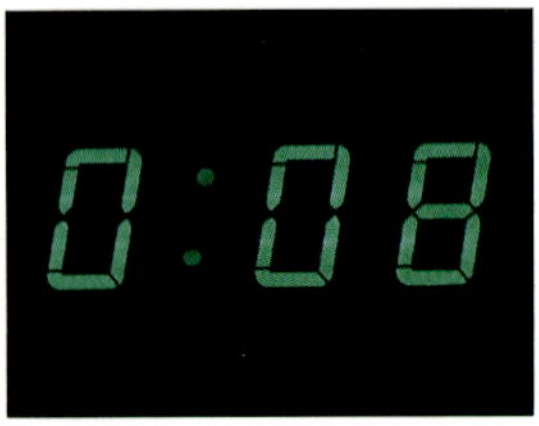

4. Druck aufbauen. Bei geringer Hitze 8 Minuten auf der Biostufe garen.

5. In der Zwischenzeit die Schweinefilets kurz in 1 EL Öl rundherum anbraten.

6. Herausnehmen und in den Siebeinsatz legen. Thymian andrücken.

7. Topf drucklos machen, öffnen, Siebeinsatz hineinstellen.

8. Topf verschließen, Druck aufbauen. 2 Minuten (Biostufe) garen.

9. Drucklosen Topf öffnen, Einsatz herausnehmen. Majoran andrücken.

10. Fenchel abtropfen lassen, zum Servieren vierteln. Fleisch aufschneiden.

11. Flüssigkeit durch ein Sieb in einen Topf gießen, aufkochen.

12. 0,1 l süße Sahne zugeben. Etwas einkochen lassen und mit 1 Prise Salz abschmecken.

Tips vom Meisterkoch

Veredeln läßt sich dieses Gericht, wenn man anstelle von Schweinefilet Kalbsfilet verwendet. Die zartesten sind die Filets vom etwa vier bis sechs Wochen alten Milchkalb. Größere Filets (insgesamt etwa 500 g schwer) dämpft man rosa, indem man Fenchel und Filet zusammen gart. Filet zuerst kurz anbraten und dann zusammen mit dem Fenchel in den Topf geben. Auf der Biostufe 12 Minuten garen.

Bei Tisch

Das gedämpfte Schweinefilet mit Fenchel kann ohne weitere Beilage als Hauptgang serviert werden. Den Fleischsaft, der beim Aufschneiden der Filets austritt, träufelt man wieder über die angerichteten Fleischscheiben. Noch sättigender wird das Gericht durch Beilagen wie Spätzle, Kartoffelschnee (gedämpfte, durch eine Kartoffelpresse gedrückte Kartoffeln) oder Reis. Der Fenchel paßt auch zu Kalbsmedaillons, pochiertem oder gedämpftem Fischfilet. Weinempfehlung: Ein Gutedel Kabinett aus Südbaden. Oder, als exklusive Alternative, einen Schweizer Weißwein vom Genfer See (z. B. Dezaley, sprich: desale).

Wenn etwas übrigbleibt

AUFBEWAHREN

Kühlschrank: Schweinefilet und Fenchel ein bis zwei Tage.
Gefriergerät: Rohes Schweinefilet läßt sich sehr gut einfrieren. Lagerzeit etwa fünf bis sechs Monate. Auftauzeit im Kühlschrank ca. 6–8 Stunden.

FILETSTREIFEN

1. Eine gewürfelte Schalotte in 1 EL Butter andünsten.
2. ¼ l süße Sahne aufgießen, aufkochen und alles bei geringer Hitze sämig einkochen lassen.
3. In der Zwischenzeit das übrige gedämpfte Schweinefilet (150 g) in 1 cm breite und 4–5 cm lange Streifen schneiden.
4. Sauce mit einigen Tropfen Zitronensaft, etwas trockenem Weißwein und einer Prise Salz abschmecken.
5. Fleischstreifen in der Sauce erhitzen.

MARINIERTER FENCHEL

1. Eine gehackte Schalotte mit 3 EL Essig, einer zerdrückten Knoblauchzehe, Salz und 6 EL Öl zu einer Marinade verrühren.
2. 2 EL gehackte, glatte Petersilie untermischen.
3. Marinade über den übrigen gegarten Fenchel gießen und etwa 2 Stunden durchziehen lassen. Fenchel ab und zu wenden.

Schweinerippchen mit Möhren und Wirsing

EINKAUF

2 Schweinerippchen

Der Knochenanteil bei Schweinerippchen ist im allgemeinen sehr hoch. Deshalb möglichst fleischige, einzelne Rippchen verlangen.

Geräucherter, durchwachsener Speck

Im Stück oder schon fertig gewürfelt kaufen.

2 kleine Kochsalami

Alternativen: Kabanossi (Knoblauchwurst), Kochmettwurst.

1 kleiner Wirsingkohl

Wirsingkohl (Savoyer oder Welschkohl) hat im Gegensatz zum Weißkohl lockere, knittrigkrause, hell- bis kräftig grüne Blätter. Fast ganzjährig erhältlich.

2 große Möhren

Zwiebel

Lorbeerblatt

Knoblauch

Saure Sahne

Für dieses Rezept eignet sich am besten flüssige saure Sahne.

Pfefferkörner

Gewürznelke

ZUTATEN

Für 2 Personen

500 g Schweinerippchen
1 Zwiebel (30 g)
1 EL Öl
40 g geräucherter Speck
100 g Kochsalami
250 g Wirsingkohl
200 g Möhren
½ Lorbeerblatt
1 Gewürznelke
4 Pfefferkörner
1 Knoblauchzehe
⅛ l Wasser
2 EL saure Sahne (30 g)
Salz

Garniervorschlag:
Glatte Petersilie

GERÄTE

Schnellkochtopf mit Siebeinsatz
2 Kochtöpfe
Litermaß
Sieb
Sparschäler
Fleischgabel oder Bratenwender
Schneebesen
Schaumkelle

ZEIT

Vorbereitung:
ca. 20 Minuten

Zubereitung:
ca. 25 Minuten,
ohne Schnellkochtopf
ca. 45 Minuten

NÄHRWERT

pro Person

Kalorien (kcal):	980	
Joule (kJ):	4120	
Eiweiß (g):	60	■
Fett (g):	71	■
Kohlenhydrate (g):	12	□

VORBEREITUNG

1. Zwiebel und Speck würfeln.
2. Ungeschälte Knoblauchzehe und Pfefferkörner mit einem Messerrücken zerdrücken.
3. Äußere, schadhafte Blätter vom Wirsing lösen, Strunk keilförmig herausschneiden.
4. Wirsingkohl halbieren, in Streifen schneiden.
5. 2 l Wasser mit 1 TL Salz in einem Topf aufkochen. Wirsingstreifen hineinschütten und 1½ Minuten kochen lassen. In kaltem Wasser abkühlen. Abtropfen lassen.
6. Möhren mit einem Sparschäler schälen und in 3–4 cm lange, 1 cm breite Streifen schneiden.

ZUBEREITUNG SCHWEINERIPPCHEN

1. Rippchen in 1 EL Öl im Schnellkochtopf rundherum anrösten.

2. Speckwürfel kurz mitrösten, dann die Zwiebelwürfel dazuschütten.

3. Lorbeer, Nelke, Pfeffer, Knoblauch und ⅛ l Wasser zugeben, aufkochen.

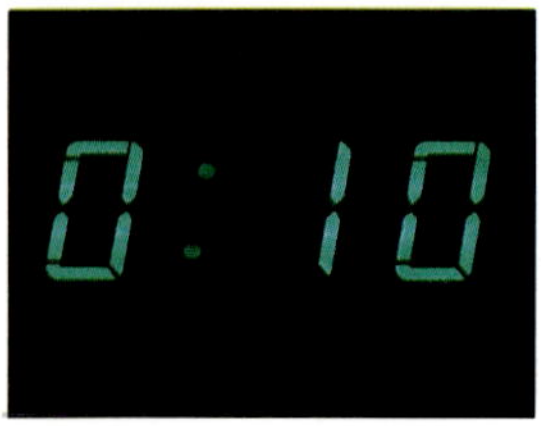

4. Topf verschließen. Auf der Schnellkochstufe ca. 10 Minuten garen.

5. Abgetropften Wirsing, Möhrenstifte und Salami in den Siebeinsatz legen.

6. Topf drucklos machen, öffnen und den Siebeinsatz hineinstellen.

7. Topf verschließen und erneut Druck aufbauen.

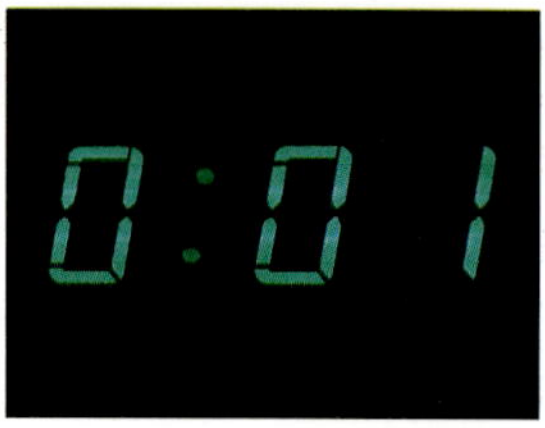

8. 1 Minute unter Druck garen.

9. Topf drucklos machen, öffnen, Siebeinsatz herausnehmen.

10. Rippchen herausheben und abtropfen lassen.

11. Schmorflüssigkeit durch ein Sieb in einen Topf gießen, aufkochen.

12. 2 EL saure Sahne unterrühren. Mit 1 Prise Salz und Pfeffer würzen.

Tips vom Meisterkoch

Sehr dekorativ sieht das Gericht aus, wenn man das Gemüse, die Rippchen und die Salami auf einem ganzen Wirsingblatt anrichtet. Dafür nach dem Herausschneiden des Kohlstrunkes zwei unbeschädigte Blätter vom Kohlkopf ablösen und kurz vor dem Servieren 2 Minuten in kochendem Salzwasser garen. Abgetropft auf Eßteller legen, alles anrichten und mit der Sauce überziehen.

Bei Tisch

Dieses verhältnismäßig deftige Hauptgericht paßt am besten in die kalte Jahreszeit. Salami vor dem Servieren in Scheiben schneiden. Sauce separat dazu reichen. Die Rippchen schmecken auch ohne das Gemüse als einfache Schmorrippchen ausgezeichnet. Passende Beilagen: gedämpfte Kartoffeln oder Reis. Weinempfehlung: ein leichter Rotwein aus Südtirol oder ein schwerer Weißwein (z. B. ein Elsässer Gewürztraminer).

Wenn etwas übrigbleibt

AUFBEWAHREN

Kühlschrank: Gemüse ein bis zwei Tage. Verwendungsvorschlag: In einer Gemüsebrühe als Einlage servieren, eventuell noch kleine Hackfleischklößchen hineingeben.

Gefriergerät: Rohe Rippchen zwei bis drei Monate. Einzeln in Gefrier- oder Aluminiumfolie wickeln und einfrieren.

Tip: Vorher marinieren (siehe Rezept rechts)und abgetropft verpacken. Gefroren in den Backofen legen und bei 225 Grad etwa 1 Stunde braten.

MARINIERTE RIPPCHEN

1. ⅛ l Öl, zwei zerdrückte Knoblauchzehen, 1 EL Rosmarin, 8 EL Sojasauce, 2 EL Honig und 4 EL Paprikapulver verrühren.
2. Rippchen in die Marinade legen und zugedeckt über Nacht durchziehen lassen.
3. Abgetropft auf einen Grillrost legen und im Backofen über der Fettfangschale bei 225 Grad 45 Minuten braten.

Variante: Auf einem Holzkohlengrill grillen.

WIRSINGTOPF

1. Restlichen Wirsing (ca. 200 g) in Streifen schneiden.
2. Eine gewürfelte Schalotte in 1 EL Öl andünsten (nicht bräunen).
3. 250 g Rinderhackfleisch zugeben und anbraten, dabei etwas zerkrümeln. Mit einer Prise Salz und Pfeffer würzen.
4. ⅛ l Wasser aufgießen und die Wirsingstreifen dazuschütten.
5. Zugedeckt ca. 10 Minuten garen. Mit wenig Salz und gehackter Petersilie abschmecken.

Gebeiztes Rinderfilet auf Alfalfasprossen

EINKAUF

Rinderfilet

Vom Metzger möglichst ein etwa 8 cm langes Mittelstück vom Filet verlangen. Gut abgehangenes, stumpfrotes Fleisch kaufen, leuchtend rotes Fleisch ist zu frisch. Sichtbares Fett, Häutchen und Sehnen, die das Filet umschließen gleich entfernen lassen.

Zwiebel

1 kleine Möhre

Thymian

Beste Wahl: Frischer Thymian mit kleinen, zartbitteren Blättchen.

Alfalfasprossen

Alfalfasprossen (Luzerne) sind sehr vitaminhaltig, zart und knackig frisch. Da sie selten verlangt werden, am besten beim Gemüsehändler vorbestellen. Oder selbst ziehen. Samen dafür gibt es in Bio- und Naturkostläden.

Lorbeerblatt

Knoblauch

Gewürznelke

Gibt's getrocknet in Tüten, Gläsern oder Dosen.

Rotwein (trocken)

Pfefferkörner

ZUTATEN

Für 2 Personen

Rinderfilet

¼ l Rotwein
1 Zwiebel (30 g)
1 Möhre (75 g)
3 Pfefferkörner
1 Gewürznelke
½ Lorbeerblatt
1 Zweig Thymian
1 Knoblauchzehe
1 TL Butter
400 g Rinderfilet
1 EL Öl
Salz, Pfeffer

Alfalfasprossen

50 g Alfalfasprossen
1 EL Butter (20 g)

Garniervorschlag:
Etwas frischer Thymian und Estragon

GERÄTE

Pfanne
3 Kochtöpfe
2 Schüsseln
Litermaß
Sieb
Bratenwender

ZEIT

Vorbereitung:
ca. 10 Minuten

Marinierzeit:
2 Tage

Zubereitung:
ca. 30 Minuten

NÄHRWERT

pro Person

Rinderfilet:	
Kalorien (kcal):	410
Joule (kJ):	1720
Eiweiß (g):	38
Fett (g):	14
Kohlenhydrate (g):	4

Alfalfasprossen:	
Kalorien (kcal):	90
Joule (kJ):	380
Eiweiß (g):	1
Fett (g):	9
Kohlenhydrate (g):	1

Insgesamt:	
Kalorien (kcal):	500
Joule (kJ):	2100
Eiweiß (g):	39
Fett (g):	23
Kohlenhydrate (g):	5

VORBEREITUNG

1. Zwiebel fein würfeln.
2. Geschälte Möhre ebenfalls fein würfeln.
3. Ungeschälte Knoblauchzehe und Pfefferkörner mit einem Messerrücken zerdrücken.

Arbeitsablauf: Wegen der langen Marinierzeit das Rinderfilet zwei Tage vorher einlegen. Während das gebratene Rinderfilet in der Aluminiumfolie ruht (Phasenfoto 11), die Alfalfasprossen zubereiten.

ZUBEREITUNG GEBEIZTES RINDERFILET

1. Zwiebel- und Möhrenwürfel, Pfeffer, Nelke und ¼ l Rotwein mischen.

2. Lorbeer, Thymian und zerdrückte Knoblauchzehe dazugeben, verrühren.

3. Filet hineinlegen. 2 Tage im Kühlschrank marinieren, öfter wenden.

4. Fleisch aus der Marinade nehmen, mit Küchenpapier trockentupfen.

5. Marinade durch ein Sieb gießen, Flüssigkeit dabei auffangen.

6. Gemüse und Gewürze aus dem Sieb in 1 TL Butter anrösten.

7. Mit Marinade ablöschen, aufkochen, auf etwa ⅓ der Menge einkochen.

8. Danach durch ein Sieb in einen Topf gießen. Reste gut durchdrücken.

9. 1 EL Öl erhitzen. Filet hineinlegen, rundherum anbraten.

10. Insgesamt 10 Minuten bei geringer Hitze weiterbraten. Mehrmals wenden.

11. Filet aus der Pfanne nehmen, in Aluminiumfolie packen. 3 Minuten ruhen lassen (einmal wenden).

12. Filet zum Servieren aufschneiden. Fleischsaft aus der Folie zur Sauce geben, abschmecken.

ZUBEREITUNG ALFALFASPROSSEN

1. Kochplatte auf geringe Hitze schalten. 1 EL Butter in einem Topf schmelzen lassen.

2. Alfalfasprossen in die leicht aufschäumende Butter hineinschütten.

3. Nur ganz kurz darin durchschwenken, Topf dabei auf der Kochplatte hin- und herrütteln.

Tips vom Meisterkoch

Noch delikater schmeckt das Rinderfilet, wenn die Marinade zusätzlich mit frischem Estragon gewürzt wird. Aber den Pfiff geben die Alfalfasprossen diesem Rezept. Alfalfasprossen sind die gekeimten Samen der Luzerne, die seit Jahrhunderten als Futterpflanze angebaut wird und die vom Orient über das Mittelmeergebiet nach Deutschland, Nord- und Südamerika (Alfalfa) kam. Man kann die Keimsprossen fertig kaufen, aber auch leicht selbst ziehen; sie wachsen schnell (drei bis fünf Tage). Alfalfasprossen werden gegessen, wenn sich kleine, grüne Blättchen gebildet haben. Von Gourmets als Königin aller Sprossenarten geschätzt, sind die Alfalfasprossen obendrein wahre Vitamin-C-Bomben. Pikante Geschmacksvariante: Nach dem Heißschwenken mit ungesalzener Sojasauce würzen.

Bei Tisch

Das gebeizte, rosa gebratene Rinderfilet auf Alfalfasprossen ist der Höhepunkt eines Menüs. Das aufgeschnittene Filet plaziert man zum Servieren auf die Sprossen; die Sauce wird angegossen oder separat dazu gereicht. Gebeiztes Rinderfilet schmeckt auch mit anderem Gemüse, z. B. mit Spargel, Zuckerschoten oder Brokkoli. Weitere Beilagenmöglichkeiten: Herzoginkartoffeln, Baguette oder ein frischer Salat. Weinempfehlung: Ein roter Mâcon (sprich: makoñ) oder ein deutscher Spätburgunder von der Ahr.

Wenn etwas übrigbleibt

Das gebratene, aufgeschnittene Filet hält sich in Frischhaltefolie ein bis zwei Tage im Kühlschrank. Verwendungsvorschlag: In heißer Butter von jeder Seite 1 Minute braten. Auf gebutterten Toastbrotscheiben mit frischen Alfalfasprossen oder mit einem Salat anrichten.
Tip: Die Sprossen schmecken auch mit Müsli oder mit frischem Obstsalat.

Lammkoteletts mit grünen Bohnen und Kartoffelgratin

EINKAUF

4 Lammkoteletts

Einzelne, keine doppelten Lammkoteletts vom Metzger schneiden lassen. Lammfleisch ist nicht immer vorrätig, also rechtzeitig vorbestellen.

1 Pfund Kartoffeln

Beste Sorte: Eine fest- oder vorwiegend festkochende Kartoffel, die beim Garen nicht zerfällt.

Knoblauch

300 g grüne Bohnen

Beste Wahl: Feine, dünne Kenia- oder Prinzeßbohnen. Sie sind sehr zart.

Thymian

Hocharomatisches, zartbitteres Küchenkraut aus Südeuropa. Frischer Thymian ist als Bund oder in kleinen Töpfen erhältlich.

Muskat

Ganze Muskatnüsse würzen frisch gerieben intensiver als gekauftes Muskatpulver.

¼ l süße Sahne

Weniger kalorienreich: Halb Sahne, halb Vollmilch.

ZUTATEN
Für 2 Personen

Lammkoteletts

400 g Lammkoteletts
2 EL Öl
2 Zweige Thymian
Salz, Pfeffer

Kartoffelgratin

500 g Kartoffeln
1 TL Butter (5 g)
1 Knoblauchzehe
¼ l süße Sahne
1 Msp Muskat
Salz

Grüne Bohnen

300 g grüne Bohnen
1 EL Butter (20 g)
Salz

Garniervorschlag:
Etwas frischer Thymian

GERÄTE

Backofen
Pfanne
Kochtopf
Gratinform oder flache, feuerfeste Auflaufform
Litermaß
Sieb
Palette oder Bratenwender

ZEIT

Vorbereitung:
ca. 15 Minuten

Zubereitung:
ca. 20 Minuten

NÄHRWERT
pro Person

Lammkoteletts:

Kalorien (kcal):	560
Joule (kJ):	2350
Eiweiß (g):	34
Fett (g):	42
Kohlenhydrate (g):	+

Kartoffelgratin:

Kalorien (kcal):	590
Joule (kJ):	2480
Eiweiß (g):	7
Fett (g):	40
Kohlenhydrate (g):	41

Grüne Bohnen:

Kalorien (kcal):	120
Joule (kJ):	500
Eiweiß (g):	3
Fett (g):	9
Kohlenhydrate (g):	7

Insgesamt:

Kalorien (kcal):	1270
Joule (kJ):	5330
Eiweiß (g):	44
Fett (g):	91
Kohlenhydrate (g):	48

VORBEREITUNG

Kartoffelgratin:
1. Kartoffeln schälen und waschen. Bis zur Zubereitung mit kaltem Wasser bedecken, damit sie nicht grau werden.
2. Gratin- oder Auflaufform mit einer halbierten Knoblauchzehe ausreiben, mit Butter bestreichen und leicht mit Salz und Muskat ausstreuen.

Grüne Bohnen:
Bohnenenden abbrechen. Arbeitsablauf: Zuerst das Gratin, dann die Bohnen (Phase 1–4) zubereiten. Anschließend die Koteletts braten, zuletzt die Bohnen erhitzen.

ZUBEREITUNG LAMMKOTELETTS (1–8)
ZUBEREITUNG KARTOFFELGRATIN (9–12)

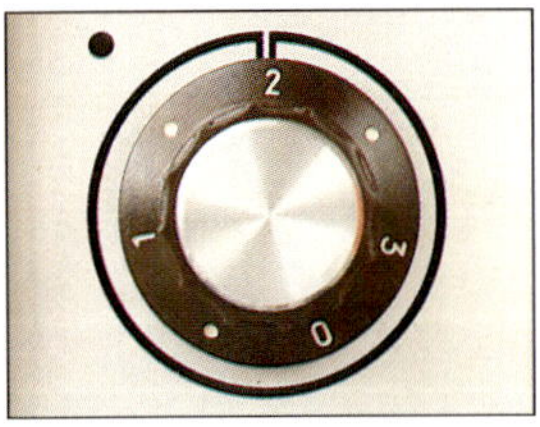

1. Kochplatte auf mittlere Hitze schalten.

2. 2 EL Öl in eine Pfanne geben und erhitzen.

3. Lammkoteletts in das heiße Öl legen.

4. 1 Minute braten.

5. Lammkoteletts wenden und 1 Minute weiterbraten.

6. Kochplatte auf geringe Hitze herunterschalten.

7. Koteletts leicht salzen und pfeffern. Insgesamt 2 Minuten weiterbraten.

8. Auf vorgewärmte Teller legen und je ½ Zweig Thymian daraufdrücken.

9. Backofen auf 200 Grad vorheizen.

10. Kartoffeln in 1 mm dünne Scheiben schneiden, dachziegelartig in die Form schichten.

11. ¼ l süße Sahne darübergießen. Alles einmal auf der Kochplatte aufkochen.

12. Auf den Boden des vorgeheizten Backofens stellen und in 12–15 Minuten goldbraun garen.

ZUBEREITUNG GRÜNE BOHNEN

1. Prinzeßbohnen (300 g) in kaltem Salzwasser gründlich säubern.

2. 1 ½ l Wasser mit 2 TL Salz in einem Topf aufkochen lassen.

3. Bohnen hineinschütten, 1 Minute sprudelnd kochen lassen.

4. Bohnen in kaltem Salzwasser abschrecken. In ein Sieb schütten und kalt abbrausen.

5. Abtropfen lassen. 1 EL Butter in einem Topf bei mittlerer Hitze schmelzen.

6. Bohnen zugeben, erhitzen, dabei den Topf hin- und herrütteln; mit wenig Salz würzen.

Tips vom Meisterkoch

Aromatisieren lassen sich die Lammkoteletts, wenn man zum Anbraten je einen getrockneten Zweig Thymian und Rosmarin mit in die Pfanne legt. Rosmarin ist mit seinem üppigen Aroma das ideale Würzkraut für Lammfleisch. Wer den Bohnengeschmack intensivieren will, würzt mit frischem Bohnenkraut und Kerbel.

Bei Tisch

Lammkoteletts mit grünen Bohnen und Kartoffelgratin werden als Hauptgang serviert. Lammkoteletts, die einen etwas längeren Knochen haben, sehen nicht nur dekorativer aus; wenn man sie bei einer Sommerparty auf dem Holzkohlengrill zubereitet, kann man den Knochen als "Griff" benutzen. Die grünen Bohnen sind die klassische Beilage zu allen Lammgerichten. Weitere passende Beilagen: Basilikum-Tomaten oder Blattspinat, gewürzt mit etwas Knoblauch, Salz und Muskat. Weinempfehlung: Ein Rotwein auf jeden Fall. Gut geeignet: Ein italienischer Barolo aus Piemont. Oder ein roter Bordeaux (z. B. aus Margaux).

Wenn etwas übrigbleibt

Gebratene Lammkoteletts höchstens ein bis zwei Tage im Kühlschrank aufbewahren. Verwendungsvorschlag: Eine geschälte Schalotte und eine zerdrückte Knoblauchzehe in etwas Olivenöl andünsten. Eine kleine Dose geschälte Tomaten dazuschütten und alles zugedeckt 10 Minuten dünsten. Mit wenig Salz und etwas feingeschnittenem Basilikum würzen. Lammkoteletts darin erhitzen.

Lammrückenfilet mit Blattspinat im Blätterteigmantel

EINKAUF

2 Portionen Lammrückenfilet

Beste Qualität: Lammsattel. Vom Metzger Knochen, Sehnen, Häutchen und Fett entfernen und für die Sauce mitgeben lassen (Knochen möglichst gehackt).

500 g Blattspinat

Der kleinblättrige, geschnittene Spinat hat am wenigsten Abfall. Wurzelspinat mit größeren Blättern ist meist preiswerter, weil er in kleinen Büscheln geerntet wird. Frischen Spinat bald nach dem Einkauf verarbeiten, denn er verliert schnell Aroma und Nährstoffe (besonders Vitamin C).

1 mittelgroße Möhre

1 kleine reife Tomate

Schalotte

Kleine aromatische Gewürzzwiebelsorte, die besonders schnell gart.

1 kleine Stange Lauch

1 Paket Blätterteig

Tiefgefrorenen Blätterteig gibt es meist als Paket mit fünf Teigplatten. Man kann die Platten einzeln entnehmen und den Rest wieder einfrieren.

1 Ei

ZUTATEN

Für 4 Personen

400 g Lammrückenfilet (2 Stücke)
1 EL Öl
500 g Blattspinat
4 Platten Blätterteig (ca. 240 g)
1 EL Mehl zum Ausrollen
1 Eigelb
1 Möhre (75 g)
1 Tomate (80 g)
1 Schalotte (30 g)
1 Stange Lauch (125 g)
⅛ l Wasser
Salz, weißer Pfeffer

Garniervorschlag:
Kleine, in Form geschnitzte, blanchierte, halbierte Möhren mit Grün, Frühlingszwiebeln, eingelegter roter Pfeffer und Basilikumblättchen

GERÄTE

Backofen
Schnellkochtopf
Pfanne
Kochtopf (klein)
Litermaß
Rührschüssel
2 Schälchen
Sieb
Bratenwender
Palette
Teigrolle
Küchenpinsel

ZEIT

Vorbereitung:
ca. 20 Minuten

Zubereitung:
ca. 30 Minuten,
ohne Schnellkochtopf
ca. 45 Minuten

NÄHRWERT

pro Person

Kalorien (kcal):	540
Joule (kJ):	2270
Eiweiß (g):	24
Fett (g):	32
Kohlenhydrate (g):	28

VORBEREITUNG

1. Blattspinat verlesen, dicke Stiele entfernen. Spinat in kaltem Wasser waschen, bis der Sand völlig herausgespült ist. In leicht gesalzenem, kochendem Wasser eine halbe Minute kochen. In ein Sieb schütten, dann in eiskaltem Wasser abkühlen. Abtropfen lassen.
2. Möhre schälen und fein würfeln. Tomate achteln.
3. Schalotte würfeln. Wurzelansatz und dunkelgrüne Blätter vom Lauch abschneiden. Lauch waschen und in feine Streifen schneiden.
4. Blätterteigscheiben nebeneinander 10–15 Minuten auftauen lassen.
5. Backofen auf 200 Grad vorheizen.

Arbeitsablauf: Zuerst die Sauce zubereiten. Während die Sauce kocht, das Lammrückenfilet im Teigmantel zubereiten.

ZUBEREITUNG LAMMRÜCKENFILET

1. Lammfiletstücke in 1 EL Öl rundherum kurz bei mittlerer Hitze anbraten.

2. Leicht salzen, pfeffern und auf einem Teller abkühlen lassen.

3. Zwei Blätterteigscheiben zur doppelten Größe, zwei wenig ausrollen.

4. Abgetropften Blattspinat in ein Küchentuch schütten.

5. Spinat sorgfältig mit dem Tuch ausdrücken, bis er trocken ist.

6. Fleisch in den zerzupften Spinat hüllen. Spinat gut andrücken.

7. Auf die kleineren Teigscheiben setzen. Ränder mit Wasser bepinseln.

8. Größere Teigscheiben darüberlegen. Ränder mit einer Gabel andrücken.

9. Auf ein mit Wasser benetztes Backblech setzen, mit Eigelb bepinseln.

10. Backblech in die Mitte des vorgeheizten Backofens einschieben.

11. In etwa 12 Minuten goldbraun backen. Herausnehmen.

12. Mit einer Palette vom Blech lösen. In 2 cm dicke Scheiben schneiden.

ZUBEREITUNG SAUCE

1. Fleischreste und zerhackte Knochen im Schnellkochtopf bei starker Hitze braun anrösten. Kleingeschnittene Möhre, Schalotte und Lauch kurz mitbräunen.

2. Tomatenachtel zugeben, ⅛ l Wasser aufgießen und aufkochen lassen. Topf verschließen und Druck aufbauen. Bei geringer Hitze auf der Schnellkochstufe etwa 10 Minuten garen.

3. Topf drucklos machen, öffnen, Flüssigkeit durch ein Sieb in einen kleinen Topf gießen. Etwas einkochen lassen und mit wenig Salz und Pfeffer abschmecken.

Tips vom Meisterkoch

Man kann ganz einfach prüfen, ob das Fleisch im Teigmantel nach 12 Minuten rosa gebraten ist: Eine lange Nähnadel in die dickste Stelle (bis zur Mitte) einstechen und nach etwa 3 Sekunden wieder herausziehen. Nadelspitze an die Lippen führen; sie muß sich warm, aber nicht heiß anfühlen. Die Blattspinatfüllung schmeckt noch aromatischer, wenn man den ausgedrückten, auseinandergezupften Spinat mit einer Messerspitze frisch geriebenen Muskats und einer Prise Knoblauchgranulat bestreut. Die Sauce kann man auch mit etwas Speisestärke sämig binden. Mit wenig Minzgelee (gibt es in Feinkostgeschäften zu kaufen) und fünf feingeschnittenen frischen Pfefferminzblättchen abgeschmeckt erhält sie eine englische Note.

Bei Tisch

Das Lammrückenfilet mit Blattspinat im Blätterteigmantel ist das Lieblingsgericht vieler Feinschmecker. Wer nicht auf Kalorien achten muß, kann die gleiche Menge auch für zwei Personen zubereiten. Dann ist es allerdings ein äußerst sättigendes Gericht. Beilagen sind nicht notwendig; denn das Gericht enthält Fleisch, Gemüse und Blätterteig. Wer mag, kann aber zusätzlich einen Salat dazu reichen. Weinempfehlung: Auf jeden Fall ein Rotwein besserer Klasse, z. B. ein Barolo oder ein Barbaresco aus Piemont.

Hasenrücken mit Preiselbeer-Pfeffer-Sauce und Spätzle

EINKAUF

1 Hasenrücken

Beste Zeit für Hasen: Oktober bis Dezember. Stallhasen (Kaninchen) gibt es das ganze Jahr über. Die beiden Filets vom Hasenrücken beim Wildhändler gleich ablösen und die Haut abziehen lassen. Kleine Filets von der Rippeninnenseite (siehe "Tips vom Meisterkoch") und die (möglichst gehackten) Rückenknochen miteinpacken lassen.

Zwiebel
Knoblauch
Thymian (frisch)
1 kleines Glas Wildpreiselbeeren

Wildpreiselbeeren gibt es in Gläsern oder manchmal auch tiefgefroren. Frische Früchte reifen August/September. Vorsicht: Preiselbeerkonfitüre ist zu süß!

2 Eier
Mehl

Universalhaushaltsmehl, Type 405. Das ist die hellste Mehlsorte.

Speisestärke
Rotwein (trocken)
Pfefferkörner (schwarz)
Lorbeerblatt
Wacholderbeeren
Muskat
Eingelegter grüner Pfeffer

ZUTATEN

Für 2 Personen

Hasenrücken

1 Hasenrücken (ca. 500 g)
1 EL Öl
1 Zwiebel (50 g)
4 schwarze Pfefferkörner
4 Wacholderbeeren
½ Lorbeerblatt
1 Zweig Thymian
1 Knoblauchzehe
¼ l Rotwein
1 TL Speisestärke (5 g)
1 EL grüner Pfeffer
1 EL Wildpreiselbeeren
1 TL Butter (10 g)
Salz, Pfeffer

Spätzle

100 g Mehl
2 Eier
1 Prise Muskat
1 EL Butter (20 g)
Salz

Garniervorschlag:
Etwas frischer Thymian und einige Preiselbeeren

GERÄTE

Handrührgerät mit Knethaken
Schnellkochtopf
Pfanne
2 Kochtöpfe (1 kleiner)
Litermaß
Rührschüssel
Schälchen
Sieb
Bratenwender
Palette zum Abschaben des Spätzleteiges oder ein großes Messer (Teig mit der Messerrückseite abschaben)
Schneebesen
Schaumkelle

ZEIT

Vorbereitung:
ca. 10 Minuten

Zubereitung:
ca. 40 Minuten, ohne Schnellkochtopf 1 Stunde

NÄHRWERT

pro Person

Hasenrücken:	
Kalorien (kcal):	480
Joule (kJ):	2020
Eiweiß (g):	44
Fett (g):	15
Kohlenhydrate (g):	11

Spätzle:	
Kalorien (kcal):	350
Joule (kJ):	1470
Eiweiß (g):	12
Fett (g):	15
Kohlenhydrate (g):	37

Insgesamt:	
Kalorien (kcal):	830
Joule (kJ):	3490
Eiweiß (g):	56
Fett (g):	30
Kohlenhydrate (g):	48

VORBEREITUNG

1. Zwiebel fein würfeln.
2. Pfefferkörner, Wacholderbeeren und die ungeschälte Knoblauchzehe mit einem Messerrücken zerdrücken.
3. Vom Rotwein 2 EL abnehmen und beiseite stellen.

Arbeitsablauf: Zuerst die Spätzle zubereiten, dann die Sauce und das Hasenrückenfilet. Wenn das Filet ruht (Phasenfoto 11), die Spätzle in heißer Butter unter Hin- und Herrütteln des Topfes auf der Kochplatte erhitzen und mit Salz und einer Prise Muskat würzen.

ZUBEREITUNG HASENRÜCKEN MIT PREISELBEER-PFEFFER-SAUCE

1. Hasenrückenknochen im Schnellkochtopf in 1 EL Öl braun anrösten.

2. Zwiebel, Pfeffer, Wacholder, Lorbeer, Thymian und Knoblauch mitrösten.

3. Alles mit ¼ l Rotwein ablöschen, aufkochen, Schaum abschöpfen.

4. Topf verschließen. 10 Minuten auf der Schnellkochstufe kochen.

5. Topf drucklos machen, öffnen. Flüssigkeit durch ein Sieb gießen, aufkochen.

6. 1 TL Speisestärke mit 2 EL Rotwein verrühren.

7. In die kochende Flüssigkeit rühren und kurz durchkochen lassen.

8. Mit 1 EL grünem Pfeffer, 1 Prise Salz und 1 EL Preiselbeeren würzen.

9. 1 TL Butter erhitzen. Filets einlegen, Enden am Rand etwas hochlegen.

10. Bei mittlerer Hitze rundherum 2 Minuten anbraten. Leicht salzen und pfeffern.

11. Filets auf einen vorgewärmten Teller legen. 2 Minuten ruhen lassen, dabei einmal wenden.

12. Ausgetretenen Fleischsaft vom Teller zur Sauce geben. Hasenrückenfilets aufschneiden.

ZUBEREITUNG SPÄTZLE

1. 100 g Mehl, 2 Eier und 1 Prise Salz miteinander verkneten.

2. So lange schlagen, bis der zähfließende Teig Luftbläschen bildet.

3. Etwas Teig dünn auf ein angefeuchtetes Brettchen streichen.

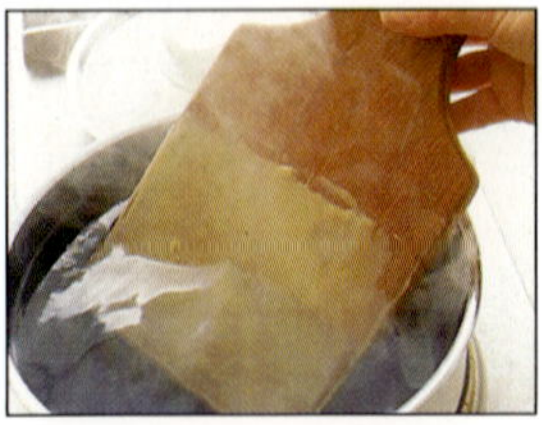

4. Brettchen mit dem Teig 1 Sekunde in kochendes Salzwasser tauchen.

5. Dünne Teigstreifen ins Wasser schaben. 2 Minuten kochen lassen.

6. Spätzle herausfischen. Kalt abbrausen, abtropfen lassen. Übrigen Teig verarbeiten.

Tips vom Meisterkoch

Ein zarter Junghasenrücken eignet sich am besten für dieses Gericht. Eine besondere Delikatesse sind die kleinen Filets, die unter den Rippen des Hasen sitzen. Kurz in heißer Butter geschwenkt, schätzen Kenner sie als Leckerbissen, der auf der Zunge zergeht. Eine Lieblingsbeilage der Neuen Küche zum Hasenrückenfilet sind Apfelspalten, die kurz mit einem heißen Sud aus zwei Eßlöffel Calvados (Apfelbranntwein) und einem Eßlöffel Zucker überglänzt werden.

Bei Tisch

Hasenrücken mit Preiselbeer-Pfeffer-Sauce und Spätzle ist die Krönung eines großen Menüs. Die Filets können – wie auf dem großen Foto – längs oder quer in Scheiben geschnitten werden. Die Spätzle zum Servieren unter Schwenken erhitzen, mit wenig Salz und frisch geriebenem Muskat abschmecken. Spätzle schmecken auch als Beilage zu Kalbsmedaillons und anderen Gerichten mit Sauce. Weinempfehlung: Ein Gericht, das eines großen Rotweins aus Burgund, Bordeaux oder Piemont würdig ist!

Schneeklößchen mit Fruchtpürees

EINKAUF

2 Kiwis

Reife, aber nicht zu weiche Kiwis kaufen. Sehr Vitamin-C-haltige exotische Früchte.

1 Schälchen Himbeeren

Bei den Portionsschälchen sind die Blütenkelche der Himbeeren schon entfernt. Bei selbstgepflückten Früchten muß das noch gemacht werden. Saison: Juni, Juli und September. Ersatzweise tiefgefrorene Himbeeren kaufen. 30 Minuten vor dem Pürieren antauen. Notfalls Dosen-Himbeeren kaufen.

1 Dose Aprikosen,
ca. 440 g Fruchteinwaage

Alternative: Frische Aprikosen. Hauptsaison Juni bis August. Seltener von Dezember bis Januar. Einkaufsmenge: Acht Früchte.

3 Eier

1 l Vollmilch

Zucker

Normaler Haushaltszucker, extra-feine Raffinade. Alternative: Puderzucker. Löst sich schneller auf.

1 Vanillestange

Beste Wahl: In Glasröhrchen aromageschützt verpackte Bourbon-Vanille. (sprich: burbonvanilje). Ersatzweise ein Päckchen Vanillezucker.

ZUTATEN

Für 4 Personen

½ Dose Aprikosen
(250 g)
200 g Kiwis
125 g Himbeeren
1 TL Puderzucker
3 Eiweiß
90 g Zucker
1 Vanillestange
1 l Milch

GERÄTE

Ein möglichst breiter Kochtopf (ca. 22 cm Durchmesser am Topfrand) mit Deckel
Handrührgerät mit Rührbesen und Pürierstab
Litermaß
Rührschüssel
3 Schälchen
Sieb
Palette
Schaumkelle
Spritzbeutel mit Lochtülle (ca. 1½ cm Durchmesser)

ZEIT

Vorbereitung:
ca. 10 Minuten

Zubereitung:
ca. 20 Minuten

NÄHRWERT

pro Person

Kalorien (kcal):	200
Joule (kJ):	840
Eiweiß (g):	5
Fett (g):	+
Kohlenhydrate (g):	44

VORBEREITUNG

1. Aprikosen in einem Sieb abtropfen lassen. Später etwas Saft unter das Püree mischen. Früchte grob zerkleinern. Frische Aprikosen 3–4 Sekunden in kochendes Wasser tauchen, in kaltem Wasser abkühlen und die Haut abziehen. Früchte halbieren und entkernen.
2. Kiwis dünn schälen und grob zerkleinern.
3. Himbeeren sortieren, nicht waschen!
4. Eiweiß und Eigelb trennen. Eigelb z. B. für andere Desserts, Saucen oder Rührei aufbewahren.
5. Ein Stück Pergamentpapier mit Wasser anfeuchten, um die Schneeklößchen daraufzuspritzen; so können sie nicht festkleben. Für mehrere Personen die Schneeklöße in zwei oder drei Partien garen.

ZUBEREITUNG SCHNEEKLÖSSCHEN MIT FRUCHTPÜREES

1. Zerkleinerte Aprikosen, Kiwis und Himbeeren nacheinander pürieren.

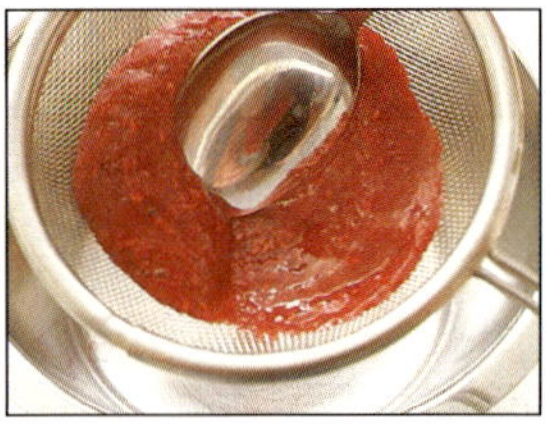

2. Himbeerpüree durch ein Sieb streichen, mit 1 TL Puderzucker süßen.

3. 3 Eiweiß steifschlagen, dabei 90 g Zucker einrieseln lassen.

4. Mit dem Spritzbeutel Klößchen auf nasses Pergamentpapier spritzen.

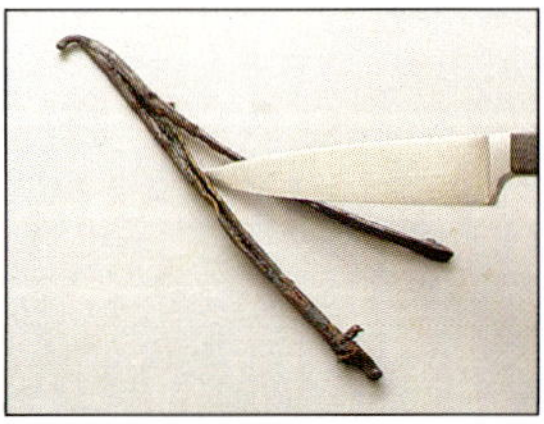

5. Eine Vanillestange längs halbieren.

6. Kochplatte auf mittlere Hitze schalten.

7. 1 l Milch und ½ Vanillestange in einem breiten Topf aufkochen.

8. Topf von der Kochplatte nehmen. Schneeklöße auf die Milch heben.

9. Einen gut schließenden Deckel auf den Topf setzen.

10. 5–6 Minuten garziehen lassen. Topf während dieser Zeit nicht öffnen!

11. Schneeklößchen mit einer Schaumkelle aus der Milch heben.

12. Zum Abtropfen auf ein Stück Küchenrollenpapier setzen.

Tips vom Meisterkoch

Die beste Himbeersorte sind die kleinen aromaintensiven Waldhimbeeren. Es lohnt sich, in der Saison selbst danach zu suchen. Die Früchte für die Pürees lassen sich je nach Jahreszeit und Saison beliebig variieren. Gut geeignet sind: Erdbeeren, Brombeeren, Pfirsiche, Mangos, Papayas, Feigen. Etwas flüssiger Süßstoff und ein paar Tropfen Obstbranntwein machen die Pürees noch fruchtiger. Der Hauch von Vanillegeschmack, den die Klößchen durch das Pochieren in Vanillemilch bekommen, ist ein raffinierter Kontrast zu den Fruchtaromen.

Bei Tisch

Zum Abschluß eines Menüs gehört ein zartes Dessert. Die Schneeklößchen mit den Fruchtpürees machen vor dem Servieren kaum Arbeit, weil man alles vorbereiten kann. Zum Zerteilen Teelöffel und Kuchengabeln decken. Im Sommer wird aus diesem Dessert ein süßer Imbiß, den man solo servieren kann.

Wenn etwas übrigbleibt

AUFBEWAHREN

Die Vanillemilch, in der die Schneeklößchen pochiert wurden, hält sich im Kühlschrank etwa zwei bis drei Tage. Verwendungstip für die ungekochte Vanillestangenhälfte: In ein Gefäß mit Zucker stecken, gut verschließen und öfter schütteln. Dadurch wird der Zucker aromatisiert.

VANILLECREME

1. Die halbe Vanillestange aus der Milch nehmen. Vanillemark aus der gekochten und der ungekochten Hälfte herausschaben.
2. Sechs Blatt weiße Gelatine in kaltem Wasser einweichen.
3. Vanillemark und Stangen in ½ l Milch geben und aufkochen.
4. 3 Eigelb und 150 g Zucker schaumig rühren, bis sich der Zucker aufgelöst hat.
5. Vanillestangen herausnehmen. Nach und nach die heiße Milch unter die Eischaummasse rühren. Wichtig: Dieser Arbeitsvorgang muß langsam ausgeführt werden, weil sonst das Eigelb gerinnt!
6. Gelatine gut ausdrücken und in der heißen Masse auflösen.
7. Kühl stellen. Sobald die Masse anfängt fest zu werden, rasch ¼ l steifgeschlagene Sahne unterheben. In Dessertschalen füllen und kühl stellen.

MILCHMIX

1. ½ l Vanillemilch in einen Mixer geben.
2. 6 EL süße Sahne zugießen und eine geschälte, in kleine Stücke zerteilte Banane dazugeben.
3. Alles kräftig durchmixen und mit etwas Süßstoff und Zitronensaft abschmecken. Variante: Die Hälfte der Milch mit einem der eventuell übrigen Fruchtpürees mischen.

Zwei Sorbets auf einem Sabayon mit Zitronenmelisse

EINKAUF

150 g rote Johannisbeeren

In manchen Gegenden auch unter dem Namen Ribiseln bekannt. Hauptangebotszeit: Juni bis September. Ersatzweise tiefgefrorene Johannisbeeren oder andere Früchte.

2 Kiwis

Ovale, etwa 6 cm lange Beerenfrüchte mit olivbrauner, leicht borstiger (behaarter) dünner Schale. Das Fruchtfleisch der Kiwis ist blaß- bis kräftig grün und mit kleinen schwarzen, eßbaren Kernchen durchsetzt. Quer aufgeschnitten sieht die Kiwi wie eine gemalte Blume aus. Durch Importe fast ganzjährig erhältlich.

Zitronenmelisse

Als Bund oder in kleinen Töpfen erhältlich. Die zartgrünen, am Rand leicht gezahnten Blättchen haben einen zitronenähnlichen Geschmack. Dürfen nicht mitkochen.

2 Eier

Weißwein (trocken)

Süßstoff

Beste Wahl: Flüssiger Süßstoff, leichter zu dosieren. Vorteil: Keine Kalorien. Sorbet und Sabayon gelingen auch mit Zucker.

ZUTATEN

Für 4 Personen

Sorbet

150 g rote Johannisbeeren

150 g Kiwis

10 EL Weißwein

ca. ½ TL flüssiger Süßstoff

Sabayon

2 Eigelb

ca. ½ TL flüssiger Süßstoff

¼ l Weißwein

20 Blättchen Zitronenmelisse

Garniervorschlag:
Zitronenmelisse oder, für Feinschmecker, glatte Marseiller Minze

GERÄTE

Gefriergerät
Handrührgerät mit Rührbesen und Pürierstab oder Mixer
2 Kochtöpfe (1 kleiner) oder 1 Wasserbadtopf (Simmertopf)
Haarsieb

ZEIT

Vorbereitung:
ca. 15 Minuten

Zubereitung:
ca. 1 Stunde, davon 45 Minuten reine Gefrierzeit

NÄHRWERT

pro Person

Sorbet:	
Kalorien (kcal):	60
Joule (kJ):	250
Eiweiß (g):	1
Fett (g):	+
Kohlenhydrate (g):	8
Sabayon:	
Kalorien (kcal):	80
Joule (kJ):	340
Eiweiß (g):	2
Fett (g):	3
Kohlenhydrate (g):	+
Insgesamt:	
Kalorien (kcal):	140
Joule (kJ):	590
Eiweiß (g):	3 ☐
Fett (g):	3 ☐
Kohlenhydrate (g):	8 ☐

VORBEREITUNG

Sorbet:
1. Gewaschene Johannisbeeren mit einer Gabel von den Stielen streifen. Tiefgefrorene Früchte leicht antauen.
2. Kiwis dünn schälen. Grob würfeln.

Sabayon:
Eigelb und Eiweiß trennen. Eiweiß z. B. für Schneeklößchen aufbewahren. Einen Topf für das Wasserbad vorbereiten: So viel Wasser einfüllen, daß der hineingehängte Topf zur Hälfte im Wasser ist.
Arbeitsablauf: Die Sorbets können auch am Vortag zubereitet werden (siehe "Wenn etwas übrigbleibt").

ZUBEREITUNG SORBET (1–6)
ZUBEREITUNG SABAYON (7–12)

1. Früchte sortenweise mit einem Pürierstab oder im Mixer pürieren.

2. Fruchtpürees jeweils durch ein feines Sieb (Haarsieb) passieren.

3. Jedes Püree mit 5 EL Weißwein und ca. ¼ TL Süßstoff abschmecken.

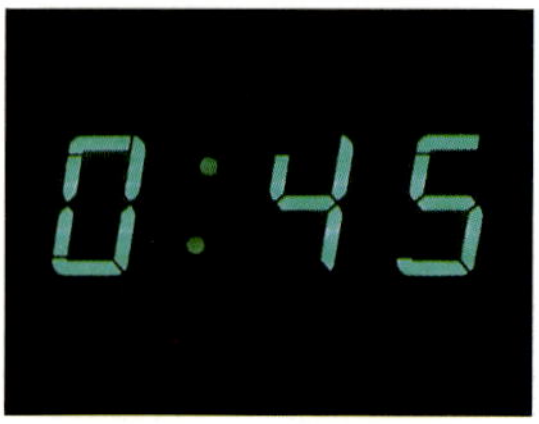

4. Für etwa 45 Minuten in das Gefriergerät stellen.

5. Während des Gefriervorganges öfter umrühren (gefriert gleichmäßiger).

6. Festes, aber nicht zu hartes Sorbet mit einem heißen Löffel abschaben.

7. ¼ l Weißwein in einem kleinen Topf aufkochen. Etwas abkühlen.

8. 2 Eigelb mit ca. ½ TL flüssigem Süßstoff schaumig schlagen.

9. Durch ein Haarsieb in den etwas abgekühlten Weißwein rühren.

10. Topf in ein heißes, nicht kochendes Wasserbad hängen und die Eier-Wein-Masse aufschlagen.

11. Zur dicklich aufgeschlagenen Masse einige Tropfen Weißwein geben.

12. Zitronenmelisseblätter fein schneiden und zum Schluß unter den Sabayon heben.

REZEPTVARIATION APFEL-MINZ-SORBET

1. 250 g geschälte, entkernte Äpfel in Stücke schneiden und mit Zitronensaft beträufeln, damit sie nicht braun werden.

2. Mit einem Pürierstab oder im Mixer zu einem feinen Brei pürieren. Mit flüssigem Süßstoff, 2 EL Apfelbranntwein und 6 feingeschnittenen Minzblättchen abschmecken.

3. Weitere Zubereitung wie auf den Phasenfotos 4–5 auf der linken Seite unverändert. Auf frischen Erdbeerscheiben anrichten.

Tips vom Meisterkoch

Fruchtsorbets kann man nicht nur mit Wein, sondern auch mit Sekt (Champagner) oder wenig Likör zubereiten. Gibt man zusätzlich einen Tropfen Anisschnaps (Pernod) hinzu, wird der Eigengeschmack der Früchte noch intensiviert. Serviertip: Einen Spritzbeutel mit Sterntülle 10 Minuten vor dem Servieren des Sorbets in das Gefriergerät legen. Geschmeidiges Sorbet hineinfüllen und in vorgekühlte Dessertschalen spritzen. Für den Sabayon trockenen und halbtrockenen Weißwein, halb und halb gemischt, verwenden, das erhöht den Geschmacksgenuß. Durch das vorherige Aufkochen und Abkühlen des Weins gelingt der Sabayon besonders schön schaumig.

Bei Tisch

Das Wort Sorbet (sprich: ßorbeh) wurde abgeleitet vom arabischen Scherbett, einem Eisgetränk aus Fruchtsäften. Sorbet soll wie nasser Schnee aussehen und nach dem Servieren langsam zu schmelzen beginnen. Der lauwarme Sabayon (sprich: ßabajoñ), ein leichter Eier-Wein-Schaum, bildet den Kontrast bei diesem Dessert. Er sollte sofort serviert werden, damit der Schaum nicht zusammenfällt. Gern serviert man Sorbet ohne Sabayon als erfrischenden Zwischengang vor dem Hauptgang größerer Menüs. Manchmal auch mit Sekt oder Champagner aufgefüllt.

Wenn etwas übrigbleibt

Sorbets können sehr gut wieder eingefroren werden. Etwa 30 Minuten vor dem Servieren antauen lassen. Mit einem stumpfen Messer zerhacken und mit einem Pürierstab oder im Mixer zu einem geschmeidigen Sorbet verarbeiten.

Apfel-Parfait mit Holundersauce

EINKAUF

2 mittelgroße Äpfel

Äpfel mit glatter, fester Schale kaufen. Beste Sorten für dieses Rezept: Cox Orange, Ingrid Marie, Boskop oder Jonathan.

2 Zitronen

Holundersaft

Schwarzen Holundersaft (Fliederbeersaft) kaufen. Ist der Saft ungesüßt, kann man nach Geschmack etwas flüssigen Süßstoff zugeben. Holundersauce eventuell mit frischen Holunderbeeren zubereiten (siehe "Tips vom Meisterkoch"). Einkaufsmenge: Etwa 250 g Früchte. Alternative: Selber sammeln (August bis Mitte September).

½ l süße Sahne

3 Eier

Speisestärke

Die Speisestärke wird bei diesem Rezept zum sämigen Andicken der Sauce benötigt.

Zucker

Weinbrand oder Cognac

Da nur eine kleine Menge benötigt wird, reicht ein kleines Portionsfläschchen.

Weißwein (trocken)

Eventuell vorhandene Weinreste können hier gut verwendet werden.

ZUTATEN

Für 4 Personen

Apfel-Parfait

400 g Äpfel
1 Zitrone
2 EL Weinbrand
1 Ei
2 Eigelb
80 g Zucker
0,4 l süße Sahne

Holundersauce

0,2 l Holundersaft
2 TL Speisestärke (8 g)
2 EL Weißwein
1 Zitrone
evtl. flüssiger Süßstoff

Garniervorschlag:
Parfait auf mit Puderzucker bestäubten, frischen, grünen Blättchen anrichten. Eventuell einige frische Holunderbeeren in die Sauce geben

GERÄTE

Gefriergerät
Handrührgerät mit Rührbesen
2 Kochtöpfe
Wasserbadtopf (oder ein größerer Topf, in den man einen kleinen Topf hineinhängen kann)
Litermaß
2 Rührschüsseln
2 Schälchen
Sieb
Schneebesen
Teigschaber
Zitronenpresse
gefriergeeignete Form mit ca. 0,8 l Inhalt

ZEIT

Vorbereitung:
ca. 15 Minuten

Zubereitung:
ca. 20 Minuten

Gefrierzeit:
2 ½ bis 3 Stunden

NÄHRWERT

pro Person

Apfel-Parfait:		
Kalorien (kcal):	520	
Joule (kJ):	2180	
Eiweiß (g):	6	
Fett (g):	37	
Kohlenhydrate (g):	35	
Holundersauce:		
Kalorien (kcal):	30	
Joule (kJ):	130	
Eiweiß (g):	1	
Fett (g):	+	
Kohlenhydrate (g):	5	
Insgesamt:		
Kalorien (kcal):	550	
Joule (kJ):	2310	
Eiweiß (g):	7	□
Fett (g):	37	◧
Kohlenhydrate (g):	40	◧

VORBEREITUNG

1. Sahne in einer vorgekühlten Schüssel steifschlagen und bis zur Verwendung in den Kühlschrank stellen.
2. Vor Beginn der Zubereitung Äpfel schälen, vierteln und entkernen. Einen Apfel grob zerkleinern und einen fein würfeln. Mit Zitronensaft säuern, damit das Fruchtfleisch nicht braun wird.
Tip: Parfait und Sauce am Vortag zubereiten.

ZUBEREITUNG APFEL-PARFAIT

1. Gesäuerte Apfelstücke mit 2 EL Wasser in einen Topf geben.

2. Zugedeckt 5 Minuten bei geringer Hitze dünsten.

3. Zerkochte Äpfel durch ein Sieb in eine Schüssel streichen, abkühlen.

4. Gesäuerte Apfelwürfel mit 2 EL Weinbrand durchziehen lassen.

5. Ein Ei und zwei Eigelb mit 80 g Zucker in einen Wasserbadtopf geben.

6. Bei mittlerer Hitze zu einer dicklich schaumigen Masse aufschlagen.

7. Eischaummasse unter Rühren abkühlen. Mit dem Apfelpüree mischen.

8. Apfelwürfel unterrühren und die Masse kühl stellen.

9. Steifgeschlagene Sahne unter die kalte Apfel-Eier-Masse rühren.

10. Alles in eine Form füllen, glattstreichen. Für 2 ½–3 Stunden ins Gefriergerät stellen.

11. Herausnehmen, Form vor dem Stürzen 4–5 Sekunden in heißes Wasser tauchen.

12. Das Parfait stürzen und in Scheiben schneiden. Mit der Holundersauce servieren.

ZUBEREITUNG HOLUNDERSAUCE

1. 0,2 l Holundersaft aufkochen. Vorsichtig mit Süßstoff abschmecken.

2. 2 EL Weißwein mit 2 TL Speisestärke verrühren. In den kochenden Saft einrühren.

3. Unter Rühren aufkochen. Mit wenig Zitronensaft abschmecken und abkühlen lassen.

Tips vom Meisterkoch

Normannische Variante: Die kleinen Apfelwürfel, die als "Einlage" in das Parfait kommen, werden anstelle von Weinbrand mit Calvados (Apfelbranntwein) mariniert. Am besten schmeckt die Holundersauce, wenn sie mit frischen Früchten zubereitet wird:

1. 250 g reife (blauschwarze) Holunderbeeren waschen, dann mit einer Gabel von den Stielen streifen.

2. In einen Topf geben und mit 0,1 l Wasser aufkochen. Zugedeckt bei geringer Hitze 10 Minuten garen.

3. Durch ein Tuch gießen, Reste gut ausdrücken. Saft mit wenig flüssigem Süßstoff abschmecken.

4. Saft erneut aufkochen und — wie oben beschrieben — mit Speisestärke binden.

5. Kurz durchkochen, mit Zitronensaft und — wenn vorhanden — mit Birnenschnaps abschmecken.

6. Zum Schluß 2 EL frische Holunderbeeren in der Sauce erhitzen.

Bei Tisch

Das Apfel-Parfait (sprich: parfä) muß leicht auf der Zunge zergehen, deshalb sollte es nicht völlig hartgefroren serviert werden. Das Parfait etwa 10 Minuten vor dem Servieren aus dem Gefriergerät nehmen; dann hat es zum richtigen Zeitpunkt die gewünschte, sahnige Beschaffenheit. Ein Parfait ist der würdige Abschluß eines großen Menüs. Bei diesem Rezept ist die Menge so bemessen, daß sie auch für etwa acht bis zehn Personen als Dessert ausreicht.

Wenn etwas übrigbleibt

Das Parfait kann gut wieder eingefroren werden. Haltbarkeit im Gefriergerät etwa zwei bis drei Monate. Rechtzeitig vor dem Servieren aus dem Gefriergerät nehmen und im Kühlschrank antauen lassen. Eventuell übriggebliebene Sauce mit einem halben Liter Holundersaft auffüllen und daraus eine Suppe zubereiten: Mit 20 g angerührter Speisestärke binden, süß-sauer abschmecken und mit Schneeklößchen servieren.

Rumpflaumen mit Zitroneneis

EINKAUF

400 g Pflaumen

Wahlweise die dunkelblauen Pflaumen oder Zwetschen (Zwetschgen, Quetschen) kaufen. Unterschied: Pflaumen sind rundlicher, weicher und haben eine etwas ausgeprägtere Einkerbung oder "Naht". Zwetschen sind länglich, an den Enden spitzer und haben festeres Fruchtfleisch mit einem leicht lösbaren Kern. Saison: Juli bis Mitte Oktober.

1 Paket brauner Kandis

Kandis oder Kandiszukker besteht aus mehr oder weniger großen Kristallen. Brauner Kandis hat einen leichten Karamelgeschmack. Variante: Weißer Kandiszucker.

Rotwein (trocken)

Rum

Ein bis zwei Portionsflaschen braunen Rum (54 Prozent) kaufen.

Zimt

Zimt (Kaneel, sprich: kanehl) wird für dieses Rezept in Stangenform benötigt. Je dünner die Stangen sind, desto feiner ist das Gewürz.

1 Packung Zitroneneis

Variante: eine andere Eissorte, z. B. Apfeleis oder Vanilleeis.

ZUTATEN

Für 4 Personen

400 g Pflaumen
200 g brauner Kandis
0,1 l Wasser
0,1 l Rotwein
5 EL Rum
1 Zimtstange
200 g Zitroneneis

Garniervorschlag:
Frische Minzblättchen; servierfertigen Teller mit Zimtpulver bestäuben

GERÄTE

Gefriergerät
Schnellkochtopf
Kochtopf
Litermaß
Schälchen
Sieb
Schneebesen
evtl. Eiskugelportionierer

ZEIT

Vorbereitung:
ca. 5 Minuten

Zubereitung:
ca. 20 Minuten,
ohne Schnellkochtopf
ca. 35 Minuten

NÄHRWERT

pro Person

Kalorien (kcal):	380	
Joule (kJ):	1600	
Eiweiß (g):	+	□
Fett (g):	+	□
Kohlenhydrate (g):	78	■

VORBEREITUNG

1. Wasser, Rum und Rotwein mischen.
2. Pflaumen entstielen und gut waschen.
3. Zitroneneis portionieren: Entweder mit einem Eisportionierer Kugeln formen oder das Eis in Würfel schneiden.

Auf ein Brettchen oder Tablett setzen und bis zum Servieren ins Gefriergerät stellen.

Arbeitsablauf: Da die Rumpflaumen kalt serviert werden, die Zubereitung auf den Vortag oder Vormittag legen.

ZUBEREITUNG RUMPFLAUMEN

1. Pflaumen so halbieren, daß der Kern fest in einer Hälfte zurückbleibt.

2. Kochplatte auf starke Hitze schalten.

3. Kandis, Zimt und die Rum-Rotwein-Wasser-Mischung aufkochen.

4. Pflaumen dazugeben, Topf verschließen und Druck aufbauen.

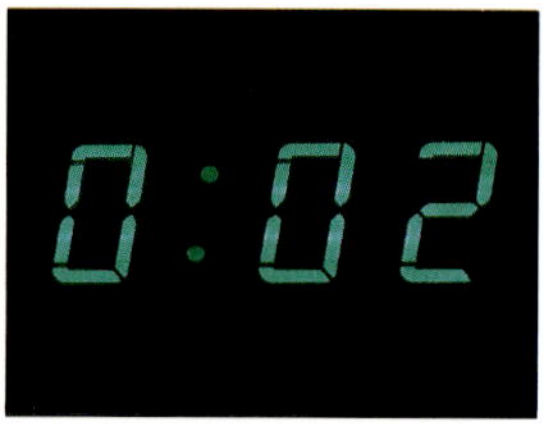

5. 2 Minuten auf der Biostufe garen. Topf drucklos machen, öffnen.

6. Pflaumen in ein Sieb schütten. Flüssigkeit in einem Topf auffangen.

7. Kochplatte auf mittlere Hitze schalten.

8. Flüssigkeit aufkochen lassen.

9. Kochplatte auf geringe Hitze herunterschalten.

10. Flüssigkeit unter Rühren 3–5 Minuten fast sirupartig einkochen lassen.

11. Zimtstange aus den abgekühlten Pflaumen entfernen. Kerne aus den Fruchthälften lösen.

12. Pflaumenhälften in die noch heiße, eingekochte Flüssigkeit geben, abkühlen lassen.

Tips vom Meisterkoch

Die Pflaumenkerne werden mitgekocht, weil dadurch der Geschmack der Kochflüssigkeit aromaintensiver wird. Man kann die Pflaumen auch ganz lassen. Dann sollte man die Früchte aber vor dem Kochen rundherum mit einer Gabel bis an den Kern einstechen. Ein extravagantes Aroma bekommen die Pflaumen, wenn man einen Eßlöffel feingeschnittenen, kandierten Ingwer zugibt. Das sind in Zuckerlösung eingelegte und danach getrocknete Stücke vom Ingwer, einer tropischen Pflanzenwurzel. Ersatzweise kann man auch in Zuckersirup eingelegten Ingwer nehmen. Gibt's fertig in Feinkostgeschäften zu kaufen.

Bei Tisch

Rumpflaumen sind ein Dessert der herbstlichen Jahreszeit. Anstelle von Eis kann man auch Vanillepudding, Grießpudding oder einfach nur steifgeschlagene Sahne dazu servieren. Noch raffinierter schmecken die Rumpflaumen mit einer Ingwercreme (siehe nächstes Rezept).

Wenn etwas übrigbleibt

Die Rumpflaumen halten sich im Kühlschrank gut eine Woche. Tip: Es empfiehlt sich, eine größere Menge Rumpflaumen zuzubereiten. Die abgekühlten Früchte mit dem Sud portionsweise in Gefrierdosen füllen und einfrieren. Haltbarkeit etwa zwei bis drei Monate. Über Nacht im Kühlschrank auftauen lassen.

Ingwercreme mit Früchten und Blätterteigecken

EINKAUF

3 Kiwis

Fast ganzjährig erhältliche exotische Früchte. Abfallarm, reich an Vitamin C. Kiwis sind reif, wenn ihre rauhe, braune Schale auf leichten Fingerdruck nachgibt.

250 g Erdbeeren

Saison in Deutschland: Ende Mai bis Juli. Ersatzweise andere Früchte nehmen.

1 Limette

Zitronenähnliche Zitrusfrucht mit grüner Schale und kernlosem Fruchtfleisch. Alternative: Zitrone. Unbehandelte Früchte kaufen, denn der chemische Belag von gespritzten Früchten läßt sich nicht abwaschen!

Ingwer

Tropische, bizarr geformte Wurzel mit stechend-würzigem Geschmack. Einfacher zu dosieren: Ingwerpulver (1/2 TL rechnen). In Gläsern oder Tüten erhältlich.

4 Eier

Weißwein (trocken)

Weiße Blattgelatine

Blätterteig

Tiefgefrorene Blätterteigplatten. Meist als Paket mit fünf Platten erhältlich (Rest im Gefriergerät aufbewahren).

1/8 l süße Sahne

Puderzucker

ZUTATEN
Für 2 Personen

Ingwercreme

3 Eigelb
30 g Zucker
6 EL Weißwein
1 Limette
2 Blatt weiße Gelatine
1 Stück frischer Ingwer (ca. 5 g)
1/8 l süße Sahne

Früchte

3 Kiwis
250 g Erdbeeren
1 TL Puderzucker (5 g)

Blätterteigecken

1 Platte tiefgefrorener Blätterteig (60 g)
1 Eigelb

Garniervorschlag:
Einige frische Minzblättchen; Blütenansatz der Erdbeeren dranlassen

GERÄTE

Backofen
Handrührgerät mit Rührbesen und Pürierstab
2 Kochtöpfe (1 kleiner)
Haarsieb
Litermaß
Zitronenpresse
Reibe (fein)
Küchenpinsel
Teigschaber

ZEIT

Vorbereitung:
ca. 15 Minuten

Zubereitung:
ca. 30 Minuten

NÄHRWERT
pro Person

Ingwercreme:

Kalorien (kcal):	400
Joule (kJ):	1680
Eiweiß (g):	8
Fett (g):	32
Kohlenhydrate (g):	17

Früchte:

Kalorien (kcal):	130
Joule (kJ):	550
Eiweiß (g):	2
Fett (g):	+
Kohlenhydrate (g):	25

Blätterteig:

Kalorien (kcal):	160
Joule (kJ):	670
Eiweiß (g):	3
Fett (g):	11
Kohlenhydrate (g):	10

Insgesamt:

Kalorien (kcal):	690
Joule (kJ):	2900
Eiweiß (g):	13
Fett (g):	43
Kohlenhydrate (g):	52

VORBEREITUNG

1. Eigelb und Eiweiß trennen (Eiweiß z. B. für Schneeklößchen verwenden).
2. Gelatine in kaltem Wasser einweichen.
3. Hälfte der Limettenschale abreiben. Eine halbe Limette auspressen.
4. Ingwer schälen und ebenfalls fein reiben.
5. Sahne steifschlagen und bis zur Verwendung kühl stellen.

Einen Topf für das Wasserbad vorbereiten. So viel Wasser einfüllen, daß der hineingehängte Topf zur Hälfte im Wasser ist.

ZUBEREITUNG INGWERCREME MIT FRÜCHTEN

1. 3 Eigelb, 30 g Zucker und 6 EL Weißwein im Wasserbad aufschlagen.

2. Zwei Blatt ausgedrückte Gelatine in der dicklichen Masse auflösen.

3. 2 EL Limettensaft und 1 Msp Limettenschale unterrühren.

4. Etwa $\frac{1}{4}$ TL geriebenen Ingwer zugeben. Masse unter Rühren abkühlen.

5. $\frac{1}{8}$ l geschlagene Sahne unter die langsam gelierende Masse heben.

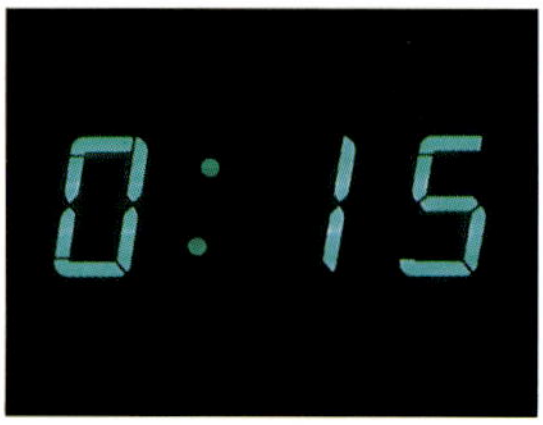

6. In einer Schale mindestens 15 Minuten in den Kühlschrank stellen.

7. Kiwis schälen. In Scheiben schneiden, eine Hälfte würfeln.

8. Erdbeeren in kaltem Wasser waschen, Blütenansatz entfernen.

9. Gesäuberte, geputzte Erdbeeren halbieren.

10. Kiwiwürfel und Hälfte der Erdbeeren getrennt pürieren.

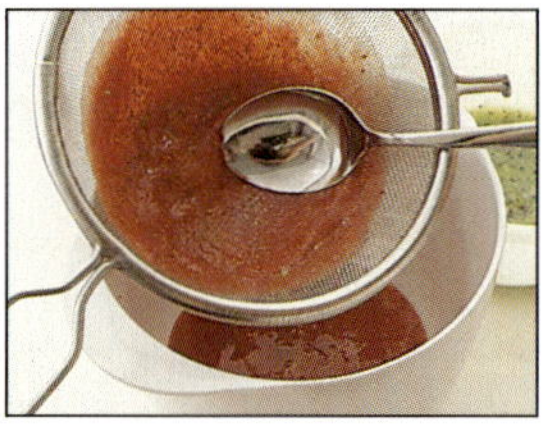

11. Pürees jeweils durch ein Sieb streichen (Kerne bleiben zurück). Sieb zwischendurch spülen.

12. Von der gekühlten, erstarrten Creme mit einem Eßlöffel Portionen abstechen.

ZUBEREITUNG BLÄTTERTEIGECKEN

1. Blätterteigscheibe etwa 5–10 Minuten auftauen lassen.

2. Backofen auf 200 Grad vorheizen. Backblech mit kaltem Wasser abspülen.

3. Blätterteigscheibe halbieren, Hälften schräg in Dreiecke teilen.

4. Ein Eigelb verquirlen und die Blätterteigdreiecke damit bepinseln.

5. Auf das Backblech setzen und 10 bis 15 Minuten backen.

6. Vorsichtig vom Backblech lösen und wie ein Brötchen aufschneiden.

Tips vom Meisterkoch

Ein Genuß sind die kleinen, besonders aromatisch-lieblichen Walderdbeeren. Allerdings selten im Angebot. Die Fruchtpürees kann man jeweils mit ein bis zwei Eßlöffel Orangenlikör und einem Tropfen Anisschnaps (Pernod) abschmecken. Das dekorative Anrichten (großes Foto) bedarf keiner künstlerischen Fähigkeiten. Man gibt je einen Klecks der beiden Fruchtpürees auf den Teller und zieht mit einem Löffelstiel eine Spur, so daß sich Grün und Rot miteinander verbinden. Und als Kontrast richtet man die Erdbeeren auf dem Kiwipüree und die Kiwis auf dem Erdbeerpüree an. Auf das Unterteil der ausgekühlten Blätterteigecke gibt man die portionierte Ingwercreme und setzt das Oberteil darauf. Zum Schluß wird alles mit wenig Puderzucker bestäubt.

Bei Tisch

Dieses Dessert eignet sich nicht nur als krönender Abschluß eines Menüs. Auch als sommerlichen Imbiß, zum Beispiel zum Kaffee, kann man es servieren. Eine Kuchengabel und ein Teelöffel sind das passende Besteck dafür. Ingwercreme und Früchte schmecken auch ohne Blätterteigecken sehr gut.

Wenn etwas übrigbleibt

Die Ingwercreme ist im Kühlschrank etwa ein bis zwei Tage haltbar. Verwendungsvorschlag: Zwei Eßlöffel Ingwercreme mit ⅛ l Vollmilch im Mixer aufschlagen. Das ergibt ein ebenso sättigendes wie erfrischendes Milchmixgetränk.

Geeister Joghurt mit Rhabarberkompott

EINKAUF

250 g Rhabarber

Beste Wahl: Himbeerrhabarber. Er hat rote Stangen mit grünem Ende und schmeckt relativ mild. Die durch und durch roten Stangen vom sogenannten Blutrhabarber sind etwas herber. Hauptangebotszeit: Juni/ Juli. Knackige Stangen ohne grüne Blätter kaufen. Gut zu wissen: Rhabarber enthält Oxalsäure, die Metall angreift. Zum Kochen deshalb besser einen emaillierten Topf nehmen.

1 Zitrone

1 Becher Joghurt

Fettarmen Joghurt kaufen. Bei Vollmilch- oder Sahnejoghurt erhöht sich der Fett- und Kaloriengehalt. Kalorienbewußte Alternative: Die doppelte Menge Joghurt nehmen und die Sahne weglassen.

1 Becher süße Sahne

1 Glas Aprikosenkonfitüre

Variante: Nach Geschmack eine andere Konfitürensorte wählen.

Weiße Blattgelatine

Bei roter Konfitüre rote Blattgelatine nehmen. Dann wird der Joghurt rosa.

Zucker

ZUTATEN

Für 2 Personen

Geeister Joghurt

100 g Joghurt
100 g Aprikosenkonfitüre
1 TL Zucker (10 g)
1 Zitrone
3 Blatt weiße Gelatine
0,1 l süße Sahne

Rhabarberkompott

250 g Rhabarber
¼ l Wasser
125 g Zucker

Garniervorschlag:
Frische Minzblättchen

GERÄTE

Gefriergerät
Handrührgerät mit Rührbesen
2 Kochtöpfe (für Rhabarber einen emaillierten Topf)
Litermaß
Rührschüssel
2 Schälchen
Sieb
Schneebesen
2 Portionsförmchen (ca. ⅛ l Inhalt oder 2 leere Joghurtbecher)
Schöpfkelle

ZEIT

Vorbereitung:
ca. 5 Minuten

Zubereitung:
ca. 50 Minuten, davon 30 Minuten reine Gefrierzeit

NÄHRWERT

pro Person

Geeister Joghurt:
Kalorien (kcal): 340
Joule (kJ): 1430
Eiweiß (g): 6
Fett (g): 17
Kohlenhydrate (g): 41

Rhabarberkompott:
Kalorien (kcal): 260
Joule (kJ): 1090
Eiweiß (g): +
Fett (g): +
Kohlenhydrate (g): 66

Insgesamt:
Kalorien (kcal): 600
Joule (kJ): 2520
Eiweiß (g): 6
Fett (g): 17
Kohlenhydrate (g): 107

VORBEREITUNG

Gelatine in kaltem Wasser einweichen. Wenig Wasser in einem Topf erhitzen, um die Gelatine darin aufzulösen (Phasenfoto 3).
Arbeitsablauf: Kompott zubereiten und abkühlen lassen. Joghurt nach Phasenfoto 1–8 fertig zubereiten und in den Kühlschrank stellen. Beides kann am Vortag erledigt werden. 30 Minuten vor dem Servieren im Gefriergerät "eisen" (anfrieren).

ZUBEREITUNG GEEISTER JOGHURT (1–9)
ZUBEREITUNG RHABARBERKOMPOTT (10–12)

1. Joghurt, Aprikosenkonfitüre, 2 EL Zitronensaft und Zucker verrühren.

2. Masse durch ein Sieb in eine Rührschüssel streichen.

3. Gelatine ausdrücken. In einer Schöpfkelle in heißem Wasser auflösen.

4. 1–2 EL Joghurtmasse unter die flüssige Gelatine rühren.

5. Lauwarmen Gelatinejoghurt unter die übrige Joghurtmasse rühren.

6. 0,1 l kalte Sahne in einer vorgekühlten Schüssel halbsteif schlagen.

7. Sahne unter die Joghurtmasse rühren.

8. In vorgekühlte Portionsformen füllen und glattstreichen.

9. 30 Minuten im Gefriergerät anfrieren. Zum Servieren stürzen.

10. Dünne Haut von den Rhabarberstangen abziehen. ¼ l Wasser mit 125 g Zucker aufkochen.

11. Rhabarber in 5–6 cm lange Stücke, dann in dünne Streifen schneiden.

12. Aufgekochtes Zuckerwasser von der Kochplatte nehmen, Rhabarber zugeben, abkühlen lassen.

Tips vom Meisterkoch

Für dieses Rezept sollte man keine frischen Aprikosen verwenden, denn sie schmecken oft etwas mehlig. Außerdem ist die Zubereitung mit Konfitüre einfacher. Nimmt man eine rote Konfitürensorte, empfiehlt sich auch eine andere Obstsorte für das Kompott, weil das Rhabarberkompott einen ähnlichen Farbton hat. Zu einem mit Himbeerkonfitüre zubereiteten Joghurt paßt beispielsweise farblich und vom Geschmack her ein Stachelbeerkompott. Profis schmecken das Kompott mit etwas Weißwein ab.

Bei Tisch

Geeister Joghurt sollte nicht völlig durchgefroren und hart serviert werden. Vor dem Stürzen taucht man die Förmchen 4–5 Sekunden in heißes Wasser, dann gleitet der geeiste Joghurt besser heraus. Zusammen mit dem Rhabarberkompott erfrischt dieses Dessert herrlich an heißen Tagen.
Der Joghurt schmeckt auch ohne das Kompott. Wer es noch einfacher machen will, serviert ihn ungeeist.

Wenn etwas übrigbleibt

AUFBEWAHREN

Kompott und nicht geeister Joghurt halten sich im Kühlschrank etwa zwei bis drei Tage. Das Kompott kann man auch einfrieren. Lagerzeit etwa vier bis sechs Monate. Es läßt sich also ohne weiteres eine größere Menge auf Vorrat zubereiten. Vor der Verwendung über Nacht im Kühlschrank auftauen lassen.

RHABARBERCREME

1. Drei Blatt rote Gelatine in kaltem Wasser einweichen.
2. Wie auf der linken Seite (unter Punkt 3 beschrieben) auflösen und mit 250 g kaltem Rhabarberkompott mischen. Damit die Gelatine nicht im kalten Kompott ausflockt, zunächst nur 2 EL Flüssigkeit vom Kompott mit der aufgelösten Gelatine verrühren.
3. ¼ l süße Sahne steifschlagen und unter das langsam festwerdende Kompott heben. In Dessertschalen füllen und kühl stellen.

FÜLLUNG FÜR TÖRTCHEN

Kleine Reste vom nicht geeisten Joghurt in einen Spritzbeutel mit Sterntülle füllen und auf kleine Mürbeteig- oder Biskuitbodentörtchen (gibt's fertig zu kaufen) dekorativ verteilen. Eventuell mit frischen Früchten (Erdbeeren, Himbeeren) verzieren. Zum Kaffee servieren.

Birnen-Mousse mit Schokoladenschaum

EINKAUF

2 reife Birnen

Beste Wahl: Williams Christbirnen. Alternative: Bürgermeister-Birnen. Inlandsernte: September/Oktober. Importe fast ganzjährig. Variante: Eine kleine Dose Williams Christbirnen.

2 Zitronen

2 Eier

1 Becher süße Sahne

Vollmilch

Die Milch entfällt, wenn man sie bei der Zubereitung des Schokoladenschaums durch Sahne ersetzt, die eventuell bei der Birnen-Mousse übrigbleibt. Dann wird der Schokoladenschaum allerdings kalorienreicher.

Weiße Blattgelatine

Zucker

Einfacher Haushaltszukker, extrafeine Raffinade.

Kakao

Beste Wahl: Ungesüßtes Kakaopulver. Keinen Instant-Kakao (kalt lösliche Kakaomischung) verwenden, sonst wird der Schokoladenschaum für dieses Rezept zu süß.

ZUTATEN

Für 2 Personen

Birnen-Mousse

250 g Birnen
2 Zitronen
75 g Zucker
1 Eigelb
2 Blatt weiße Gelatine
⅛ l süße Sahne

Schokoladenschaum

1 Eigelb
1 EL Zucker (15 g)
1 TL Kakao (5 g)
6 EL Milch oder Sahne

Garniervorschlag:
Birnen-Mousse-Klöße auf ganzen Birnenscheiben (aus der Birnenmitte geschnitten und entkernt) anrichten und mit Kakaopulver bestreuen

GERÄTE

Handrührgerät mit Rührbesen
Kochtopf
Simmertopf (Wasserbadtopf) oder ein großer Topf, in den man einen kleineren hineinhängen kann
Litermaß
2 Rührschüsseln
Schälchen
Sieb
Zitronenpresse
Teigschaber

ZEIT

Vorbereitung:
ca. 10 Minuten

Zubereitung:
ca. 2 ½ Stunden, davon ca. 2 Stunden reine Kühlzeit

NÄHRWERT

pro Person

Birnen-Mousse:	
Kalorien (kcal):	450
Joule (kJ):	1890
Eiweiß (g):	5
Fett (g):	23
Kohlenhydrate (g):	54
Schokoladenschaum:	
Kalorien (kcal):	100
Joule (kJ):	420
Eiweiß (g):	3
Fett (g):	5
Kohlenhydrate (g):	10
Insgesamt:	
Kalorien (kcal):	550
Joule (kJ):	2310
Eiweiß (g):	8
Fett (g):	28
Kohlenhydrate (g):	64

VORBEREITUNG

1. Gelatine in kaltem Wasser einweichen.
2. Birnen schälen, vierteln und entkernen. In grobe Stücke schneiden.

Arbeitsablauf: Zuerst die Birnen-Mousse zubereiten. Während sie im Kühlschrank fest wird, den Schokoladenschaum herstellen. Beides kann schon am Vortag zubereitet werden.

ZUBEREITUNG BIRNEN-MOUSSE

1. Birnenstücke in einen Topf geben. Mit dem Saft zweier Zitronen säuern.

2. Mit 2 EL Zucker süßen. Deckel aufsetzen.

3. Bei geringer Hitze etwa 5 Minuten dünsten.

4. Gedünstete Birnen durch ein Sieb in eine Schüssel streichen.

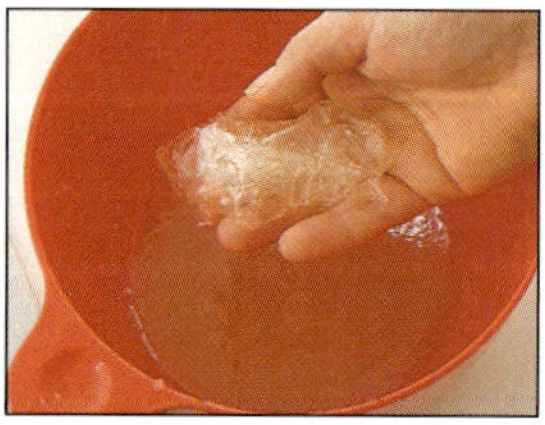

5. Ausgedrückte Gelatine in dem heißen Birnenpüree auflösen.

6. Ein Eigelb und 40 g Zucker in eine Schüssel geben.

7. So lange schaumig rühren, bis sich der Zucker völlig aufgelöst hat.

8. Birnenpüree unter ständigem Rühren zugießen. Kühl stellen.

9. ⅛ l kalte Sahne in einer vorgekühlten Schüssel steifschlagen.

10. Abgekühlte Birnen-Eier-Masse muß allmählich gelieren (dicklich werden).

11. Geschlagene Sahne vorsichtig unterheben.

12. Mousse glattstreichen und ca. 2 Stunden in den Kühlschrank stellen.

ZUBEREITUNG SCHOKOLADENSCHAUM

1. Ein Eigelb, 1 EL Zucker, 1 TL Kakao und 6 EL Milch in einen Wasserbadtopf geben.

2. Bei mittlerer Hitze unter ständigem Rühren schaumig aufschlagen.

3. Die Masse muß leicht dicklich werden. In eine Schüssel gießen, unter Rühren abkühlen lassen.

REZEPTVARIATION MOUSSE AU CHOCOLAT

1. 150 g Schokoladenkuvertüre (besonders reine Schokolade) grob zerstückeln und in einem kleinen Topf im Wasserbad schmelzen lassen.

2. Ein Ei mit 3 TL braunem Rum in einem Wasserbad zu einer dicklichen, schaumigen Masse aufschlagen. Aufgelöste Kuvertüre unter ständigem Rühren zufügen.

3. ¼ l süße Sahne steifschlagen. Geschmeidig gerührte Eier-Schokoladen-Masse zugeben und gleichmäßig unterheben. Mousse kühl stellen.

Tips vom Meisterkoch

Perfekt wird die Birnen-Mousse, wenn man das Püree (Phasenfoto 4 auf der linken Seite) mit zwei Eßlöffel Birnenschnaps aromatisiert. Den Schokoladenschaum während des Abkühlens und vor dem Servieren kräftig durchschlagen, damit er schön schaumig bleibt. Eine besondere Note bekommt er, wenn man ihn mit etwas Schokoladenlikör abschmeckt. Wer die Mousse so wie auf dem großen Foto servieren möchte, halbiert die Birne längs und schneidet von jeder Seite eine dünne Scheibe ab. Kerngehäuse mit einer Ausstechform entfernen. Fruchtfleisch mit Zitronensaft beträufeln, damit es nicht braun wird. Mit zwei in heißes Wasser getauchten Teelöffeln Mousse-Klöße formen.

Bei Tisch

Die Birnen-Mousse (sprich: muhß) ist der delikate Abschluß eines Menüs. Zur Variation Mousse au chocolat (sprich: muhßoschokola) wird allerdings kein Schokoladenschaum serviert.

Orangengratin

EINKAUF

3 mittelgroße Orangen

Beste Wahl: Orangen (Apfelsinen) ohne sogenannten "Nabel". Der Nabel an der gegenüberliegenden Seite des Stielansatzes ist ein Zeichen für eine kleine Nebenfrucht, die sich in der Orange gebildet hat. Das Fruchtfleisch dieser Orangen läßt sich deshalb nicht in so gleichmäßige, dekorative Filets teilen. Farblich besonders schön: Die herb-aromatischen Blutorangen mit rotem Fruchtfleisch.

1 Zitrone

Eine unbehandelte Zitrone nehmen. Für dieses Rezept wird die abgeriebene Schale benötigt.

1 Paket Sahnequark

2 Eier

Puderzucker

Vanillezucker

Beste Wahl: Echter Vanillezucker. Ersatzweise den künstlich hergestellten Vanillinzucker nehmen.

Orangenlikör

Brauner Rum

Likör und Rum werden nur in geringer Menge für dieses Rezept benötigt. Deshalb kleine Portionsfläschchen kaufen oder eventuell vorhandene Reste (auch Weinbrand) verwenden.

ZUTATEN

Für 4 Personen

3 Orangen (ca. 600 g)
3 EL Orangenlikör
2 Eier
90 g Puderzucker
250 g Sahnequark
1 TL Vanillezucker
1 Zitrone
1 EL Rum
1 TL Butter (10 g)

GERÄTE

Backofen
Handrührgerät mit Rührbesen
2 Rührschüsseln
kleines Schälchen
Reibe (fein)
Küchenpinsel
Teigschaber
4 Portions-Gratinformen (wie auf dem großen Foto) oder eine entsprechend große, flache feuerfeste Form

ZEIT

Vorbereitung:
ca. 15 Minuten

Zubereitung:
ca. 20 Minuten

NÄHRWERT

pro Person

Kalorien (kcal):	370
Joule (kJ):	1550
Eiweiß (g):	12
Fett (g):	12
Kohlenhydrate (g):	46

VORBEREITUNG

1. Eigelb und Eiweiß voneinander trennen und jeweils in eine Rührschüssel geben.
2. Puderzucker durch ein Sieb streichen, damit er nicht krümelig ist.
3. 40 g Puderzucker mit 1 TL Vanillezucker mischen.
4. Etwa ein Viertel der Zitronenschale abreiben. Tip: Reibe dazu mit Pergamentpapier umwickeln, damit die Schale nicht auf der Reibe haften bleibt. Nach dem Abreiben das Papier entfernen und die Schale mit einem Messerrücken vom Papier abstreifen.

Arbeitsablauf: Orangen, Quarkmasse (bis auf Eischnee) und die Form vorbereiten. Vor dem Servieren Eischnee schlagen und unter die Quarkmasse heben. Orangenfilets auf den Quark legen und alles überbacken.

ZUBEREITUNG ORANGENGRATIN

1. Orangenschale einschließlich der weißen Haut abschälen.

2. Einzelne Fruchtfilets zwischen den Trennhäutchen herausschneiden.

3. Fruchtfleisch mit 3 EL Orangenlikör mischen und durchziehen lassen.

4. Zwei Eiweiß steifschlagen, dabei 50 g Puderzucker einrieseln lassen.

5. Quark, Eigelb, Zuckermischung, Zitronenschale und Rum verrühren.

6. Eischnee vorsichtig unter die Quarkmischung heben.

7. Backofen auf 250 Grad oder den Grill vorheizen.

8. Gratinform mit zerlassener Butter bestreichen.

9. Quarkmasse in die Form geben und glattstreichen.

10. Abgetropfte Orangenfilets fächerförmig auf dem Quark anordnen.

11. Auf der obersten Schiene in den vorgeheizten Backofen oder Grill einschieben.

12. Unter ständigem Beobachten goldbraun überbacken.

REZEPTVARIATION QUARK-SAHNE-CREME

1. Drei Blatt weiße Gelatine in kaltem Wasser ca. 10 Minuten einweichen.

2. Quarkmasse zubereiten, wie auf der linken Seite unter Punkt 5 beschrieben.

3. Ausgedrückte Gelatine in einer Schöpfkelle im Wasserbad auflösen.

4. 1–2 EL von der Quarkmasse mit der aufgelösten Gelatine verrühren. Gelatinequark unter ständigem Rühren zur Quarkmasse geben.

5. Eiweiß und Puderzucker steifschlagen wie auf der linken Seite unter Punkt 4 beschrieben. Vorsichtig und locker unter die Quarkmasse heben.

6. ⅛ l süße Sahne steifschlagen, dabei 2 TL Vanillezucker einstreuen. Unter die Quarkmasse heben. Kühl stellen.

Tips vom Meisterkoch

Der raffinierte Abschluß: Vor dem Servieren das Orangengratin zusätzlich mit Orangenlikör beträufeln. Als geschmacklichen und farblichen Kontrast in die Mitte des Gratins eine Kugel grünes Pistazieneis setzen und einige gehackte Pistazien darüberstreuen. Man kann dieses Gratin auch mit Erdbeeren, Grapefruits, Weintrauben, Himbeeren oder Johannisbeeren zubereiten.

Bei Tisch

Das Orangengratin (sprich: gratãñ) kann man als Dessert oder süßes Hauptgericht servieren. Variationen: Ohne Früchte als Quarkgratin. Ohne Früchte und ohne Überbacken als feine Quarkcreme. Die Quarkmasse eignet sich übrigens auch als Füllung für Pfannkuchen, Crêpes oder Törtchen.

Wenn etwas übrigbleibt

Die nicht überbackene Quarkmasse hält sich im Kühlschrank etwa zwei bis drei Tage. Allerdings ist sie dann nicht mehr so zart und locker, sondern flüssiger. Vor dem Servieren gut durchrühren und möglichst frische Früchte unterheben.

Tropischer Früchteteller

EINKAUF

1 kleine Ananas

Die Frucht ist reif, wenn sich ein Blatt leicht aus der Mitte der "Krone" herauszupfen läßt und das Fruchtfleisch unter der Schale auf sanften Druck nachgibt.

1 Mango

Sehr saftige und aromatische exotische Frucht mit leicht abgeflachten Seiten und unterschiedlicher Farbe. Je nach Reifegrad von grün in gelb und rot übergehend. Mangos sind reif, wenn sie angenehm duften und unter der lederartigen Haut auf leichten Druck nachgeben.

1 Papaya

Papayas (sprich: papaja) sind hocharomatische Früchte mit meist birnenähnlicher Form. Reife Früchte haben eine gelbliche, manchmal gelb gefleckte Schale und weiches, saftiges Fruchtfleisch.

2 Feigen

Frische Feigen haben zartschmelzendes, aromatisches Fruchtfleisch, das mit kleinen eßbaren Kernchen durchsetzt ist. Feigen mit glatter violetter, gelber oder hellgrüner Schale kaufen.

ZUTATEN

Für 4 Personen

1 Ananas (ca. 1 kg)
1 Mango (ca. 300 g)
1 Papaya (ca 450 g)
2 Feigen (ca. 100 g)

Garniervorschlag:
Früchte auf einem großen grünen Blatt anrichten. Fruchtfleisch der Papaya mit den Scheiben einer geschälten Limette belegen, "Krone" und Schale der Ananas mitservieren

GERÄTE

Für dieses Rezept sind keine speziellen Geräte erforderlich, nur sehr scharfe Messer

ZEIT

Zubereitungszeit:
ca. 20 Minuten

NÄHRWERT

Kalorien (kcal):	190
Joule (kJ):	800
Eiweiß (g):	3 □
Fett (g):	+ □
Kohlenhydrate (g):	44 ■□

VORBEREITUNG

Alle Früchte können für ein Menü rechtzeitig vorbereitet und, mit Frischhaltefolie abgedeckt, beiseite gestellt werden. Bis kurz vor dem Servieren kann man die Mango und die Papaya auch in den Kühlschrank stellen, denn beide Früchte schmecken gekühlt, aber nicht eiskalt, noch besser.

ZUBEREITUNG TROPISCHE FRÜCHTE

1. Ananas mit einem großen, scharfen Messer längs halbieren, vierteln.

2. Eventuell achteln. Fruchtfleisch von der Schale losschneiden.

3. Hartes Mittelstück (Strunk) abschneiden und wegwerfen.

4. Fruchtfleisch wieder auf die Schale setzen und in Stücke teilen.

5. 2 cm rechts und links vom Stielansatz der Mango 1 Scheibe abschneiden.

6. Fruchtfleisch der Scheiben diagonal bis zur Schale einschneiden.

7. Schale der Mangofrucht von unten nach oben stülpen.

8. Hartes Kernstück aufspießen, Schale abziehen und extra servieren.

9. Papaya halbieren, die nicht eßbaren Kerne mit einem Löffel entfernen.

10. Papayahälften nochmals längs halbieren.

11. Fruchtfleisch von der nicht eßbaren Schale vorsichtig losschneiden.

12. Feigen waschen, mit Küchenpapier abreiben und vierteln.

REZEPTVARIATION FRUCHTSALAT

1. Je 4 EL Zucker und Wasser unter ständigem Rühren einmal aufkochen. Abkühlen lassen.

2. Ananas, wie auf der linken Seite unter Punkt 1-3 beschrieben, vorbereiten. Fruchtfleisch in Stücke schneiden.

3. Mango zerteilen wie bei Phasenfoto 5 beschrieben. Lederne Haut abziehen, Fruchtfleisch in Streifen schneiden.

4. Papayas halbieren, entkernen und schälen. Fruchtfleisch würfeln.

5. Dünne Haut der Feigen abziehen, Feigen achteln. Alle Früchte miteinander vermengen.

6. Abgekühlte Zuckerlösung mit Zitronensaft abschmecken. Über den Salat träufeln.

Tips vom Meisterkoch

Sehr dekorativ sieht es aus, wenn man die Früchte auf einem mit Puderzucker bestäubten Teller anrichtet und eventuell eine Kugel Eis (Maracuja, Vanille oder Zitrone) dazu serviert. Bereitet man die Früchte wie in der Rezeptvariation als Salat zu, kann man das Dressing noch mit etwas Orangenlikör aromatisieren. Noch exotischer wird das Dessert, wenn man zum Servieren dünne Späne von geraspelter Kokosnuß darüberstreut. Papayas schmecken fad, wenn sie noch nicht ganz reif sind. Trick: Etwas frisch gepreßter Zitronen-, Limetten- oder Orangensaft macht sie aromatischer.

Bei Tisch

Der tropische Früchteteller ist ein leichter, kalorienarmer Abschluß eines Menüs. Gedeckt werden dafür kleine Gabeln und Messer (Obstbesteck). Die Feigen ißt man entweder mit Schale, oder man schneidet das Fruchtfleisch aus der Schale heraus.

Register

A

Ackersalat
s. Feldsalat 43
Alfalfasprossen 179, 181
Ananas 227
Äpfel 203
Apfel-Parfait mit Holundersauce 202–205
Apfel-Minz-Sorbet 201
Apfelrösti 161
Aprikosen 195
Aromagaren 17
Auberginen 39, 135
Austernpilze 83
Austernpilze mit Kohlrabistreifen und Möhren 82–85
– Kohlrabi-Möhren-Gemüse 83
Austernseitlinge
s. Austernpilze 83

B

Bandnudeln 131, 133
Basilikum 51, 55
– -sahne 53
Beeren
– Erd- 211
– Him- 195
– Johannis-, rote 199
– Wildpreisel- 191
Biogaren 16
Birnen 75, 219
Birnen-Kartoffel-Gratin 74–77
– Apfel-Kartoffel-Gratin s. Tips vom Meisterkoch 77
– Birnengratin s. Tips vom Meisterkoch 77
Birnen-Mousse mit Schokoladenschaum 218–221
– Birnen-Mousse219,220
– Mousse au chocolat 221
– Schokoladenschaum 219, 221
Blanchieren 15
Blattspinat 187
Blätterteig 187
– -ecken 211, 213
Bleichsellerie
s. Staudensellerie 55
Bohnen
– grüne 31, 107, 183, 185
Böhnchensalat mit Pilzen 30–33
– Gemischter Salat 33
– Pilzpfanne 33
Bresse-Poularden
s. Tips vom Meisterkoch 141
Brokkoli 163
– mit Mandeln 163, 164
Brunnenkresse
s. Tips vom Meisterkoch 41
Brühe
– entfetten s. Tips vom Meisterkoch 157
Buntmesser 19

C

Caprinokäse
s. Tips vom Meisterkoch 53
Carpaccio von Rinderfilet 66–69
– von Lachsfilet
– von Steinbuttfilet
– von mariniertem Rinder- oder Lammfilet s. Tips vom Meisterkoch 69
Cassissaft 159
Cassis-Sauce 159, 160
Cayennepfeffer 123
Champignons 31, 127
Cidre 123
Cidresauce 123, 124
Crème double 131
Crème fraîche 87
Creme
– Ingwer- 211, 212

D

Dampfdrucktopf
s. Biogaren und Aromagaren 16, 17
Dämpfen 14
Dekor-Ideen 18, 19
Dünsten 14

E

Edelpilzkäse 29
Eichblattsalat 47
Ente 155
– Barbarie-
– Freiland-
– Flug-
– Frühmast- s. Tips vom Meisterkoch 153
Entenbrust 151
– rosa gebraten 150–153

Enten-Pot-au-feu
154—157
— Entenklopse 157
Erbsenausstecher 19
Erdbeeren 211
Essig
— Himbeer- 45
— Sherry- 45
Estragon 63, 83

F

Feigen 227
Feldsalat 43
Feldsalat mit Äpfeln und
Geflügelleber 42—45
Fenchelknollen 171
Festtagsmenü 25
Filet
— Baby-Steinbutt-
s. Fischfilet 39
— Hecht- 123
— Kabeljau-
s. Fischfilet 127
— Lachs- 59, 131
— Lammrücken- 187
— Lengfisch-
s. Fischfilet 127
— Räucherforellen- 63
— Rinder- 67, 179
— gebeiztes Rinder-
178—181
— Rotbarben- 135
— gebratenes
Rotbarben- 134—137
— Rotbarsch-
s. Fischfilet 127
— Rotzungen-
s. Fischfilet 39
— Schollen- 115
— pochiertes Schollen-
114—117
— Schweine- 171
— gedämpftes
Schweine- 170—173
— Seelachs-
s. Fischfilet 127
— Seezungen-
s. Fischfilet 39
— Zander- 119
Fischfilet mit Champi-
gnons und Kräutern
in Folie 126—129
— Gedämpfte Kartoffeln
129
Fischfond 63
Frischkäse
s. Hüttenkäse 51
Friséesalat 31, 47
Fruchtsorbets
s. Sorbet 198—201
Fruchtpürees 195, 196

G

Galia-Melone 95
Garmethoden
— Die gesunden 14, 15
Garnelen
s. Shrimps 35, 95
Gebeiztes Rinderfilet
auf Alfalfasprossen
178—181
— Gebeiztes Rinderfilet
179, 180
— Alfalfasprossen
179, 181
Gebratenes Rotbarben-
filet auf kleiner
Ratatouille 134—137
Gedämpfte Gemüse mit
Kräuterbutter 78—81
Gedämpfte Kartoffeln 129
Gedämpftes Schweine-
filet mit Fenchel
170—173
— Filetstreifen 173
— Marinierter Fenchel 173
Geeiste Melonensuppe
94—97
Geeister Joghurt mit
Rhabarberkompott
214—217
— Rhabarbercreme 217
— Füllung für Törtchen
217
Geflügelbrust 47
— rosa gebratene 47, 48
Geflügelleber 43
— Feldsalat mit Äpfeln
und 42—45
Gemischter Salat mit
Fischfiletstreifen
38—41
— Mariniertes Gemüse 41
Gemüse
— Brokkoli- 163, 164
— -brühe 51
— -fenchel s. Fenchel-
knollen 171
— Gurken-Tomaten-
147, 149
— Kohlrabi-Möhren-
83, 84
Gemüseschaumsuppe
102—105
— Kartoffelsuppe 105
— Apfel-Sellerie-Rohkost
s. Wenn etwas übrig-
bleibt 105
Gemüseterrine 54—57
— Sellerie-Salat 57
Glasnudeln 143
— Hähnchenbrust mit
Ananas und 142—145
Gratin
— Apfel-Kartoffel-
— Birnen- s. Tips vom
Meisterkoch 77
— Birnen-Kartoffel-
74—77
— Orangen- 222—225
Gurken-Tomaten-
Gemüse 147, 149

H

Hähnchenbrust 143
Hähnchenbrust mit Ananas und Glasnudeln 142—145
Hähnchenleber s. Geflügelleber 43
Hartkäse 29, 55
Hasenrücken 191
Hasenrücken mit Preiselbeer-Pfeffer-Sauce und Spätzle 190—193
Hechtfilet 123
Hechtklößchen in Cidresauce mit Tomatenreis 122—125
— Hechtklößchen 123, 124
— Cidresauce 123, 124
— Tomatenreis 123, 125
Herbstliches Menü 24
Herzoginkartoffeln 151, 153
Himbeeren 195
Himbeer-Essig 45
Holundersaft 203
Holundersauce 203, 205
Hüttenkäse 51
Hummerkrabben s. Riesengarnelen 111

I

Ingwer, frischer 211
Ingwercreme mit Früchten und Blätterteigecken 210—213
— Ingwercreme 211, 212
— Blätterteigecken 211, 213

J

Jakobsmuscheln 87
Jakobsmuscheln mit Weintrauben 86—89
Joghurt 215
— Geeister 214—217
Johannisbeeren, rote 199
Johannisbeersaft, schwarzer s. Cassissaft 159
Juliennereißer 19

K

Käse
— Caprino- s. Tips vom Meisterkoch 53
— Edelpilz- 29
— Hart- 29, 55
— Hütten- 51
— Parmesan- 75
— Peccorino s. Hart- 55
— Rohmilch- 29
— Schmier-, roter 29
— Weich- mit Weißschimmelrinde 29
Käseplatte 28—29
Kaisergranat 111
Kaiserschoten s. Zuckerschoten 39, 91
Kalbfleischpilze s. Austernpilze 83
Kalbsbries 91
Kalbsbries mit Zuckerschoten 90—93
Kalbsfilet s. Kalbsmedaillons 167
Kalbsleber 159
Kalbsleber mit Cassis-Sauce 158—161
— Apfelrösti 161
— Gemüserösti s. Tips vom Meisterkoch 161
Kalbsmedaillons 167
Kalbsmedaillons mit Kräuterbuttersauce und Kurkumanudeln 166—169
— Basilikum-Tomaten 167, 168
— Kurkumanudeln 167, 169
Kalbsnieren 163
Kalbsnierenragout mit Brokkoli und Mandeln 162—165
— Gebratene Kalbsnieren 165
— Brokkolisuppe 165
Kandis
— brauner 207
— weißer 207
Kandiszucker s. Kandis 207
Kaneel s. Zimt 207
Kartoffeln 75
— gedämpfte 129
— Herzogin- 151, 153
Kartoffelgratin 183, 184
Kartoffelsuppe 105
Kerbelsuppe 98—101
— Kerbelsauce 101
— Milchmixgetränk 101
Kirschtomaten s. Garniervorschlag 63
Kiwi 195, 199
Klares Tomatengelee mit Basilikum 50—53
— Tomatensuppe 53
— Basilikumsahne 53
Klößchen
— Petersilien- 115, 117
— Hecht- 123, 124
— Schnee- 195, 196
Knoblauchöl 71
Kohl
— Savoyer s. Wirsing- 175
— Welsch- s. Wirsing- 175
— Wirsing- 175
Kohlrabi 55, 83
Kohlrabi-Möhren-Gemüse 83, 84
Kräuterbutter 79, 80
— -sauce 167, 168

Kresse 47
— Brunnen- s. Tips vom Meisterkoch 41
— -suppe s. Tips vom Meisterkoch 101
Küchenmesser 19
Kugelausstecher 19
Kurkuma 167
— -nudeln 167, 169

L

Lachsfilet 59, 131
Lachstatar 58—61
Lachswürfel mit Bandnudeln und Safransauce 130—133
Lammkotelett 183
Lammkotelett mit grünen Bohnen und Kartoffelgratin 182—185
— grüne Bohnen 183, 185
— Kartoffelgratin 183, 184
Lammrückenfilet 187
Lammrückenfilet mit Blattspinat im Blätterteigmantel 186—189
Lauch 103, 119
— -zwiebeln 39
Leber
— Enten- s. Tips vom Meisterkoch 45
— Geflügel- 43
— Gänse- s. Tips vom Meisterkoch 45
— Hähnchen- s. Geflügel- 43
— Kalbs- 159
— Puten- s. Geflügel- 43
Leichtes Frühlingsmenü 22
Lengfischfilet s. Fischfilet 127
Limetten 211
Löwenzahn s. Tips vom Meisterkoch 49

M

Mango 227
Meeresfrüchte aus dem Wein-Kräuter-Dampf 110—113
Mehl 71
Melone
— Zucker- 95
— Galia- s. Zucker- 95
— Ogen- s. Zucker- 95
Menü 20—25
— Festtags- 25
— -folge 20
— Herbstliches 24
— Leichtes Frühlings- 22
— Schlemmer- im Freundeskreis 23
— Überraschungs- 21
— verändern 20
Midder s. Kalbsbries 91
Miesmuscheln 111
Milcher s. Kalbsbries 91
Mousse
— Birnen- 219, 220
— au chocolat 221
Mousse von Räucherforelle 62—65
Muscheln
— Jakobs- 87
— Mies- 111
Muskatnuß 103

N

Nährwert 11
Nieren
— Kalbs- 163
Nudeln
— Band- 131, 133
— Glas- 143, 145
— grüne 73
— Kurkuma- 167, 169
— rote 73
— selbstgemachte s. Tagliatelle 70—73
— Spätzle 191, 193
Nüßlisalat s. Feldsalat 43

O

Ogenmelone s. Zuckermelone 95
Oliven, schwarze 71
Olivenausstecher 19
Orangen 223
Orangensauce 115, 116
Orangengratin 222—225
— Quark-Sahne-Creme 225
Orangenschäler 19

P

Palette s. Geräte 163
Papaya 227
Paprikaschoten 139
— rote 151, 152
Paprikapürees 139, 140
Parmesankäse 75
Peperoni s. Garniervorschlag 71
Petersilie 43
Petersilienklößchen 115, 117
Pfeffer, grüner 67
Pflaumen 207
— Rum- 207, 208
Pilze
— Austern- 83
— Austernseitlinge s. Austernpilze 83

— Champignons 31, 127
— Kalbfleisch-
s. Austernpilze 83
— Pleurotons
s. Austernpilze 83
— Stein- 31
Pochieren 15
Pochierte Schollenfilets
mit Orangensauce
und Petersilien-
klößchen 114—117
— Orangensauce 115, 116
— Petersilienklöße
115, 117
Poularden
— -brust 139
— Bresse- s. Tips
vom Meisterkoch 141
— Mais- s. Tips vom
Meisterkoch 141
Poulardenbrust mit
Paprikapürees
138—141
— Geflügelgulasch 141
Prawns
s. Riesengarnelen 111
Putenbrust
s. Putenschnitzel 147
Putenbrustroulade mit
Geflügellebersauce
und Gurken-Tomaten-
Gemüse 146—149
— Geflügellebersauce
147, 149
— Gurken-Tomaten-
Gemüse 147, 149
Putenleber
s. Geflügelleber 43
Putenschnitzel 147

Q

Quark-Gratin
s. Bei Tisch 225
Quark-Sahne-Creme
s. Rezeptvariation 225
Quetschen
s. Pflaumen 207

R

Räucherforellen
— -filet 63
— Mousse von 62—65
Rapunzel
s. Feldsalat 43
Raspel
— feine 19
— grobe 19
Ratatouille
— kleine 135, 136
Rhabarber 215
— -kompott 215, 216
Reis 123
— Tomaten- 123, 125
— -timbal s. Bei Tisch 125
Riesengarnelen 111
Rinderfilet 67, 179
— Carpaccio von 66—69
— gebeiztes 178—181
Rohmilchkäse 29
Rosa gebratene Enten-
brust auf rotem
Paprika mit Herzogin-
kartoffeln 150—153
— rote Paprikaschoten
151, 152
— Herzoginkartoffeln
151, 153
— Entenragout 153
Rosmarin
s. Tips vom
Meisterkoch 185
Rotbarbenfilet 135
Rotbarschfilet
s. Fischfilet 127
Rotzungenfilet
s. Fischfilet 39
Rübchen
— Teltower
s. weiße Rübchen 79
— weiße 79
Rumpflaumen mit
Zitroneneis 206—209

S

Sabayon
s. Tips vom
Meisterkoch und
Bei Tisch 201
— mit Zitronenmelisse
199, 200
Safran 131
Salat
— verschiedene Blatt-
salate 46—49
— Böhnchen- mit Pilzen
30—33
— Eichblatt- 47
— Feld- 43
— Frucht- 229
— Gemischter 38—41
— Nüßli-
s. Feldsalat 43
— Rapunzel
s. Feldsalat 43
— Sellerie- 57
— Spargel- 35—36
Sauce
— Cassis- 159—161
— Cidre- 123, 124
— Geflügelleber- 147, 149
— Holunder- 203, 205
— Kräuterbutter- 167, 168
— Soja- 143
Sauerampfersuppe
s. Tips vom
Meisterkoch 101
Sautieren 14
Savoyer Kohl
s. Wirsingkohl 175
Schalotte 151
Schlemmermenü im
Freundeskreis 23
Schneeklößchen mit
Fruchtpürees 194—197
— Vanillecreme 197
— Milchmix 197
Schnellkochtopf
s. Biogaren und
Aromagaren 16, 17
Schollenfilet 115
— pochiertes 114—117

Schweinefilet 171
— gedämpftes 171, 172
Schweinerippchen 175
Schweinerippchen mit Möhren und Wirsing 174—177
— Marinierte Rippchen 177
— Wirsingtopf 177
Schweser s. Kalbsbries 91
Seelachsfilet s. Fischfilet 127
Seezungenfilet s. Fischfilet 39
Sellerie
— -knolle 103
— Stauden- 55
Senf 31
— -körner 59
— -sprossen s. Tips vom Meisterkoch 61
Sherry-Essig 45
Shrimps 35, 95
Simmertopf s. Garen im Wasserbad 15
Sojasauce 143
Sorbet s. Bei Tisch 201
— Apfel-Minz- 201
— Johannisbeer- 199, 200
— Kiwi- 199, 200
Spargel
— grüner 35
— weißer 35
Spargelsalat mit gezupften Kräutern und Shrimps 34—37
— Spargel-Kräuter-Suppe 37
Sparschäler 19
Spätzle 191, 193
Speck 83
Stangensellerie s. Staudensellerie 55
Steinpilze 31
Süßstoff 199
Suppe
— Gemüseschaum- 102—105
— Kartoffel- 105
— Kerbel- 98—101
— Melonen-, geeiste 94—97
Suppenfleisch 107
Suppengemüse 99
Suppentopf mit Gemüse und Rindfleisch 106—109
— Staudenselleriesuppe 109

T

Tabasco 71
Tagliatelle mit Olivenmus 70—73
Tagliatelle 71, 72
— Olivenmus 71, 73
— Rote Nudeln 73
— Grüne Nudeln 73
Thymian 183
Tiefseegarnelen s. Shrimps 95
Timbal
— Reis- s. Bei Tisch 125
Tomaten 51
— -gelee, klares 51, 52
— -mark 51
— -reis 123, 125
Tropischer Früchteteller 226—229
— Tropische Früchte 227, 228
— Fruchtsalat 229

U

Überraschungsmenü 21

V

Vanillestange 195
Vanillezucker 223
Verschiedene Blattsalate mit rosa gebratener Geflügelbrust 46—49

W

Walnußkerne 67
Wasserbad
— Garen im 15
Wein 26, 27
— -kunde, kleine 27
Wein-Kräuter-Dampf
— Meeresfrüchte aus dem 110—113
Weintrauben 87
Wermut s. Tips vom Meisterkoch 169
Wildpreiselbeeren 191
Welschkohl s. Wirsingkohl 175
Wirsingkohl 175

Z

Zanderfilet 119
Zanderfilet auf dem Lauchbett 118—121
— Lauchsuppe 121
Ziegenkäse 29
Zimt 207
Zitronenmelisse 199
— Sabayon mit 199, 200
Zucchini 39
Zuckererbsen s. Zuckerschoten 39, 91
Zuckermelone 95
Zuckerschoten 39, 91
Zwei Sorbets auf einem Sabayon mit Zitronenmelisse 198—201
— Apfel-Minz-Sorbet 201
Zwetschen, Zwetschgen s. Pflaumen 207

Der Bestseller für Fortgeschrittene

"Das Buch mit dem Löffel" ist der Senkrechtstarter unter den kreativen Kochbüchern der 80er Jahre. Inzwischen in acht Sprachen übersetzt, in 15 Ländern erschienen. "Ein Klassiker, jetzt schon!" (Ulrich Klever)

Das ideale Kochbuch für Einsteiger, Aufsteiger und Könner, die noch ein paar Kniffe dazulernen wollen. Ein neues Konzept macht das möglich: Jedes Kapitel beginnt mit einem einfachen Grundrezept; alle weiteren Rezepte bauen darauf auf. Wie leicht man sich darin zurechtfindet, sehen Sie an dem Kapitel "Nudeln", das auf der gegenüberliegenden Seite verkleinert abgebildet ist. Das Buch enthält außerdem ausführliche Informationen über Einkauf, Küchentechnik und Garmethoden, verrät Tricks zur Vorbereitung großer festlicher Menüs, Getränkeregeln sowie Kniffe fürs Tischdecken und Servieren.

16 Kapitel, 296 Seiten, 1000 neue Farbfotos, 2000 Kochideen
Großformat 23 x 31 cm

Nudeln, Mehl mal Phantasie

Die ständigen Begleiter

Grundrezept Sahne-Sauce

Grundrezept Tomatensauce

Carbonara

Champignon-Sahne-Sauce

Kräuter-Sahne-Sauce

Pesto

Tomatensauce scharf

Sauce Bolognese Art

Hausgemachte Nudeln

Tips

Grundrezept Nudelteig

Nudeln perfekt kochen

Nudeln ohne Maschine

Spätzle

Die 30 pikantesten Kombinationen

Kunst des ...

Kräuternudeln

Tomatennudeln

Safrannudeln

Rote-Bete-Nudeln

Die versteckten Beilagen

Maultaschen

Cannelloni

Won-ton

Das eigene Schnittmuster

Lasagne

Cannelloni

Tortellini

Ravioli

Ricotta-Spinat-Füllung

Fleischfüllung

Bandnudeln

Die verblüffende Vielfalt

Fertignudeln

Der frischgebackene Bestseller

Ein Backbuch, wie es noch keines gab! Ein Muß für alle Freunde des Backens. Und für solche, die es noch werden wollen. "BACKEN – Die neue große Schule" ist das ideale Buch zum Schenken und Schenkenlassen.

Das Erfolgsgeheimnis dieses ungewöhnlichen Backbuchs: Es wurde konzipiert nach dem gleichen, preisgekrönten, leicht verständlichen Stufensystem wie der Bestseller "KOCHEN – Die neue große Schule". Wie leicht man danach backen kann, sehen Sie am Kapitel Hefeteig, das wir auf der gegenüberliegenden Seite verkleinert als Ausschnitt abgebildet haben. In diesem Buch erfahren Sie alles über Torten, Kuchen, Gebäck, Cremes, Pralinen, Pizzas, Brote und sämtliche Teigarten. BACKEN macht Backen leicht – leichter als Sie glauben!

16 Kapitel, 292 Seiten, 1000 neue Farbfotos, 2000 Backideen
Großformat 23 x 31 cm

Der Teig, der gehen muß, damit er nicht sitzen bleibt

Die meisten haben vor Hefeteig einen Heidenrespekt. Er gilt nun mal als besonders heikel und launisch.
Dabei ist es in Wirklichkeit kinderleicht, sofern man über Dreierlei verfügt: ausreichend Zeit, eine gut geheizte Küche und Kenntnis über die Lebensbedingungen von Hefebakterien.
Die beiden ersten Punkte lassen sich einfach erfüllen. Und letzteres bekommen Sie hier.

HEFETEIG-VARIATIONEN
Für die unterschiedlichen Gebäcke aus Hefeteig braucht man jeweils andere Mengen an Hefe, Butter, Eiern und Mehl. Hier ein Überblick zum Merken.

	[illegible]	[illegible]	[illegible]	[illegible]	[illegible]
Mehl	500 g	375 g	500 g	475 g	500 g
Hefe	40 g	40 g	20 g	30 g	40 g
Zucker	50 g	75 g	60 g	90 g	60 g
Eier	2	1	6	2	5
Milch	¼ l	¼ l	4 EL	8 EL	⅛ l
Butter	–	150 g	400 g	90 g	150 g

Heißgeliebt! Nicht nur in Bayern

Eine währschafte Sache aus der Schweiz

Der Kuchen mit dem putzigen Namen

Weihnachten ohne Christstollen? Wie ein Winter ohne Schnee!

Kaum zu glauben. Das haben die Italiener nicht erfunden!

Unser täglich Brot – mitnichten alltäglich!

Die Erfolgsfibel für Einsteiger

Das Kochbuch mit der Sicherheitsgarantie für Anfänger am Herd.
Alle Rezepte sind nach dem gleichen
Schritt-für-Schritt-Prinzip aufgebaut wie in diesem Buch. Das bedeutet:
Auch Ungeübte können von Anfang an gut kochen!

Das Buch enthält 300 Rezeptideen für 50 der beliebtesten Gerichte.
Gerichte aus der populären Mittelmeerküche ebenso
wie Evergreens aus Omas gutbürgerlicher Küche. Jedes Rezept ist
übersichtlich eingeteilt in die Rubriken: Einkauf,
Warenkunde, Zutaten, benötigte Geräte, Kalorien, Vorbereitung, Zubereitung
mit Phasenfotos, Anrichten, Servieren und "Wenn etwas
übrigbleibt" — die besten Reste-Rezepte! Ein ABC der Küchensprache,
Wissenswertes über Pfannen, Töpfe und Herde
ergänzen das Kochbuch, mit dem nichts mehr schiefgehen kann.

240 Seiten, 800 Farbfotos, Format 15 x 21,5 cm